市場界隈

橋本倫史
Hashimoto Tomofumi

那覇市第一牧志公設市場界隈の人々

本の雑誌社

いくつもの路地が複雑に入り混じり、市場界隈の風景が作られている。

屋上から市場界隈を見渡す。手前にアーケードの白い幕があり、瓦屋が建ち並び、水上店舗が見える。

市場中央通りのアーケードは1983年に設置されたものだが、市場の建て替えとともに撤去される。

市場界隈にはアーケードが張り巡らされており、雨や陽射しを気にせず散策できる。

屋

山城こん
EL862-

「上原果物店」の上原信吉さんは、いち早く店を開ける。

上原政子さんが営む「上原山羊肉店」は、牧志公設市場で唯一の山羊肉店。

「長嶺鮮魚」の長嶺次江さんは、60年近く市場で働く名物女将。

親子二代で切り盛りする「美里食肉店」。左から豪輝さん、和子さん、宗徳さん。

上：「大城文子鰹節店」の大城文子さん／下：「平田漬物店」の鷹雄さん（右）と文也さん（左）

上:「玉城化粧品店」のケイ子さん(左)とるみ子さん(右)/下:「ウタキヌメー」の節子さん

琉球漬
平田漬物店

山城こんぶ屋

上原果物店

鰹節セット出来ます
TEL：869-2934
定休日 第4日曜日

すみれ
すみれ服装学院

ハンカチ・その他雑貨商品各種
卸・小売
TEL 62-1682

金壺食堂 (精進料理)

宮城紙商店
866-3134
結納
沖縄風結納品セット

上原山羊肉店
TEL857-6560
TEL862-8382
食堂
道頓堀
昭和三十年創業
ウタキヌメー
863-4329
長嶺鮮魚
FAX866-3271
市場の古本屋
ウララ
THE COFFEE
やまや
高ミート

チラガーくん

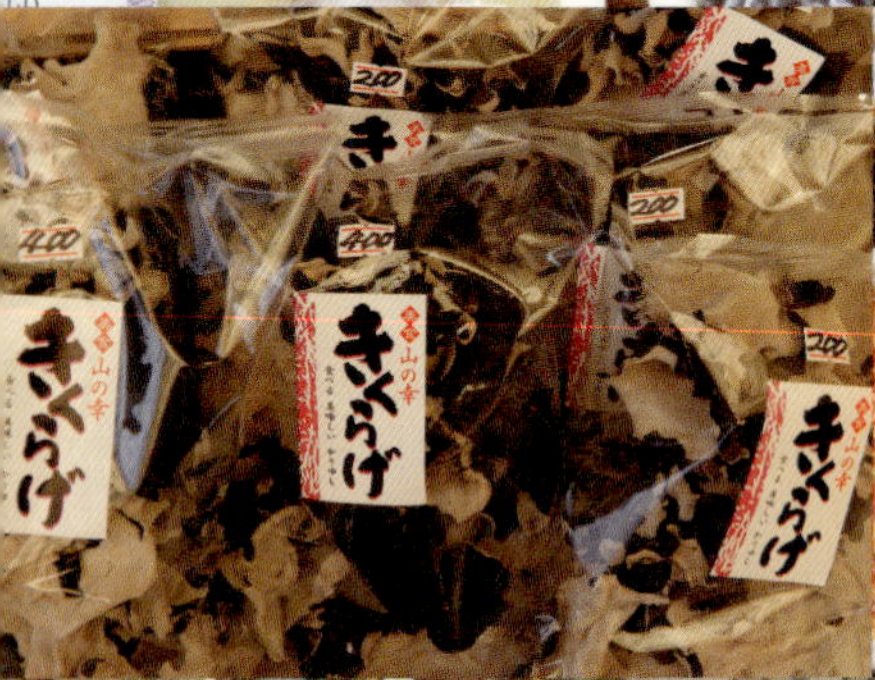
200
400
山の幸
きくらげ

沖縄県産

沖縄特産
アオサ
アオサ
アオサ
アーサ

マンゴー
¥3,000

赤

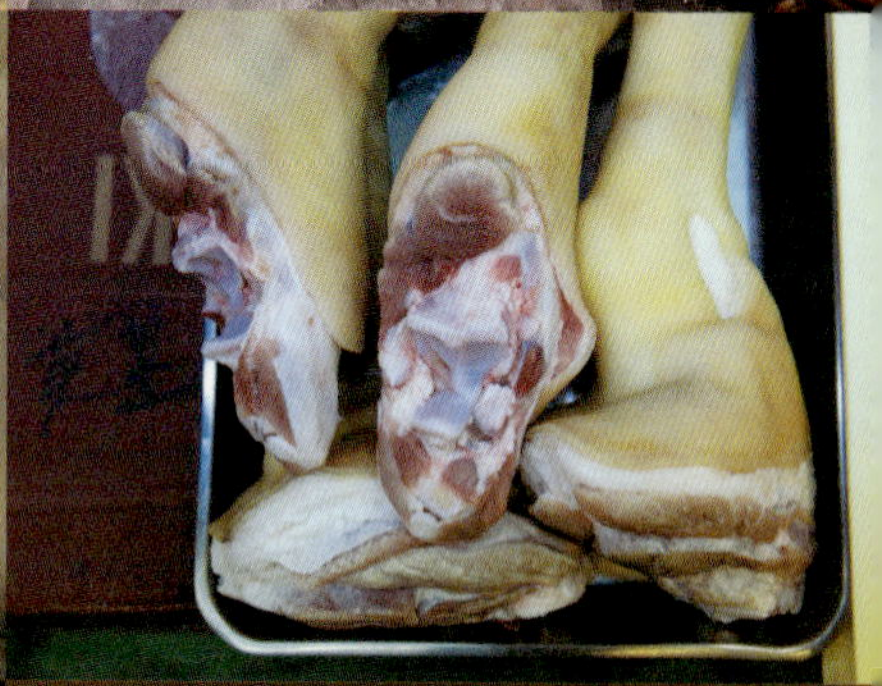

下:「足立屋」の統括部長として働く北夏子さん。休日に「足立屋」で飲んで過ごすこともある。

免税の幟がはためく平和通り。1981年に完成したアーケードは、2023年に撤去される予定だ。

上原精肉店
TEL.86
全国配送承りま
琉球あぐー

市場でカン
公設市場
65周年
2階 食堂全店
2F ALL Shop of Restaurant
draft beer

上:「コーヒースタンド小嶺」の勇さん／下:ブルーの壁紙が張り巡らされた「喫茶スワン」

上:「ザ・コーヒー・スタンド」の上原司さん。市場界隈には小さな喫茶店がたくさんある。

まちぐゎー
食堂
道頓

上：「大衆食堂ミルク」のカツ丼／下：「足立屋」のもつ煮込みと、「肉バル 透」のシュウマイ

「道頓堀」のラフテーそばには、じっくり煮込んだラフテーが2枚のっけてある。

パラソル通りは憩いの場所。お弁当を広げる人もいれば、ゆんたくする人達の姿も見かける。

「美里食肉店」に並ぶ豚の頭には、「ジェニファー」と名前がつけられている。

界隈には無数の抜け道がある。ふとした隙間から、高くそびえるハイアットが見えることも。

「嘉数商会」の猫店長のみーたんは観光客に大人気で、各地の言語で紹介文を貼り出している。

とにかく来て、見て、食べて大満足！
STARBUCKS COFFEE

ステーキ
黒糖屋
カラダにいい
おきなわ県産品
Brownsugar
大洋堂
SINCE 1950
TEL 098-867-1468
みねい
時計店

市場界隈

那覇市第一牧志公設市場界隈の人々

まえがき

平成最後の夏を沖縄で過ごした。

僕が初めて沖縄を訪れたのは、小学生に上がって間もない時期だから、平成が始まったばかりの頃だ。カラフルな魚に目をみはり、親にねだってサトウキビを齧り、国際通りのステーキハウスで興奮した記憶が残っている。あれから三十年近い歳月が経ったある日、那覇市第一牧志公設市場が建て替えになると聞いた。

牧志公設市場の歴史は七十年以上前にまで遡る。終戦後に闇市が立つと、多くの買い物客で賑わうようになった。那覇市はこれを衛生的な市場として整理するべく動き出し、一九五〇年に牧志公設市場が開設された。現在の建物は一九七二年に建設されたものだが、老朽化が進み、二〇一九年に建て替え工事が行われることになったのだ。それを知り、市場の風景を記録しておこうと沖縄を訪れたのだった。

　最初のうちは、幼い頃と同じように食材に見惚れていたけれど、毎日足を運ぶうちに、そこで働く人達に目が向くようになった。きっかけは市場の二階に展示されていた古い写真だ。そこには戦後間もない頃の賑わいが記録されていて、笑顔を見せる人もいれば、澄ました表情でカメラに顔を向ける人もいた。その写真を見つめているうちに、ひとりひとりに話しかけたい気持ちに駆られた。あなたはどこで生まれて、どんなふうに育って、どんなふうに働き、今はどうしてそんな表情を浮かべているのか。ひとりひとりに話しかけたくなったけれど、写真に記録された人達に質問を投げかけることは叶わないだろう。でも、同じ時代を生きている人には、話しかけることができる。

「私の話なんて、本に書くほどのことではないですよ」。話を聞かせて欲しいんですとお願いすると、店主達はそう答えた。でも、市場の姿を記録するには、そこでお店を営むひとりひとりの人生を書き記さなければと思った。お店の多くは個人商店であり、お店の歴史と店主の人生が重なっている。そうしたひとつひとつの人生が集まって、現在の風景がある。店主達は謙遜していたけれど、話を伺ってみると、そこには沖縄の戦後の姿が深く滲んでいた。

　一度の滞在ではとても取材を終えられるはずもなく、この一年、月に一度は沖縄を訪れ、朝から晩まで市場界隈を歩きまわった。最初は公設市場でお店を構える人にだけ話を伺うつもりだったけれど、市場は市場だけで独立して存在しているのではなく、周辺にある商店と支えあうようにして存在していることに気づいた。そこで僕は、アーケードが張り巡らされている範囲を「市場界隈」として、そこにある三十軒のお店に話を聞かせてもらった。市場界隈の「今」を記録するべく、何十年と続いてきたお店だけでなく、最近開業したお店も取り上げている。

風景は日々移り変わってゆく。話を聞かせてもらいたいと思っていたけれど、この一年のあいだに閉店してしまったお店は何軒もある。気になっていたお店が取り壊されている姿を何度となく目にしているうちに、「今」という時間が何より懐かしいものだと感じるようになった。

第一牧志公設市場は二〇一九年六月十六日で営業を終えて、建て替え工事に入る。市場は近くの仮設店舗で営業を続けるけれど、現在の風景は過去のものになってしまう。移り変わってしまったあとで懐かしむのではなく、そこにまだ市場があるうちに本を出版できたらと、急き立てられるように取材を重ねた。ここ数年、六月には毎年のように沖縄を訪れてきたけれど、今年の六月はこの本を手に市場界隈を歩くつもりでいる。こうして書き記された「今」が、いつかの未来、五年後、十年後、百年後の誰かに届くことを想像しながら。

二〇一九年四月三十日　橋本倫史

目次

II

III

写真　橋本倫史
装幀　島田隆

I

市場の朝はここから始まる

上原果物店

夜明け前、市場界隈はまだ静まり返っていた。人影もまばらで、往来の真ん中では猫が毛繕いをしている。そんな時間からシャッターを上げている店が一軒だけある。「上原果物店」だ。

「朝五時には店にきて、仕事を始めるの」。商品を並べながら上原信吉さんは語る。「年を取ってくると、酒も飲みきれん、タバコも吸いきれんもんだから、あんまり眠られんわけ。朝四時には目がさめるから、早めに来て仕事をするようになってきたね」

八十六歳を迎えた今でも、毎朝こうして働いている。お若いですねと話を向けると、作業の手を止めて、「若くないですよ。白髪も一杯だから」と笑う。昭和七年生まれの信吉さんは、十三歳で終戦を迎えた。

「うちがまだお母さんのお腹の中にいるときにお父さんは亡くなって、家庭はものすごく苦労したの。戦争のとき、お兄ちゃんは防衛隊へ取られていたから、お母さんとふたりでいたわけ。防空壕に入っておけばよかったのに、弾が飛び交うなかを逃げて。体が小さいもんだから、弾が当たらなかったんじゃないかね。それでやっと摩文仁《まぶに》の海について、あのあたりは今だとたくさん樹が生えてるけど、当時はアメリカが皆焼き尽くしてしまっていたの。そこで牛島中将が切腹したんだけど、うちはその近くで捕虜にされたんだね」

戦争が終わると、信吉さんは米軍相手に働いた。数年のあいだ軍作業に従事したのち、米軍基地内にあるメスホール（食堂）でテーブルボーイの職を得る。

「テーブルボーイっていうのはね、食事が終わったあとに片づけをするの。当時はまだ十七、八歳だったけど、戦前は芋しか食べてなかったもんだから、アメリカの食事というのはすごいなと思った。あの頃はハンバーグというのは少なくて、ステーキ。ステーキなんて見たことなかったから、あれが一番驚いたね」

話を伺っていると、外国人観光客が通りかかり、信吉さんは台湾語で接客する。台湾からの観光客を相手にしているうちに覚えたのだという。ただ、しゃべれる外国語は台湾語だけ。テーブルボーイや、米軍住宅で家事を手伝うハウスボーイとして数年間働いたが、英語が話せるようにはならなかった。そんな信吉さんが公設市場で働き始めたのは、昭和三十年頃のことだ。

「最初はね、親戚のおじさんと一緒に肉屋を始めたの。おじさんはブラジルに移住してたんだけど、戦争が終わったあとで沖縄に帰ってきて。うちの実家があるのは小禄《おろく》なんだけど、小禄は昔から肉屋が多いんだね。それで『一緒に肉屋の商売をせんか』と誘われて、公設市場に店を出すことになって。朝早いうちに豚を潰して、それを肉にして市場に持ってくるもんだから、早起きする生活になったわけ」

そうして公設市場で働き始めたのだが、三年ほど経ったところでおじさんは再び移住してしまう。「ブラジルのほうが生活が楽だ」と言い残し、おじさんは旅立ってしまった。そこで信吉さんは、妻のヒロコさんが営んでいた果物屋で一緒に働き始める。

「果物屋といっても、果物を専門に扱ってた店じゃないよ。当時は昆布の千切れや乾物なんかも扱ってたし、野菜も扱ってるし、いろんなものを売っていたの。だから今でもこうして玉ねぎや島らっきょうなんかも扱ってる。果物はそんなに多くなかったけど、その当時よく売れてたのはアメリカのネーブルだね。アメリカ軍の払い下げでネーブルが手に入ったから、それを売って。あの頃の公設市場は、今みたいに立派な建物じゃなくて、トタン葺きでボロボロだったよ。道路もまだアスファルトで舗装されてなくて、田んぼみたいな感じ。大雨が降れば水が溢れてきて大変だったね」

「上原果物店」の向かいには、水上店舗というビルがある。名前の通り水の上にあるビルで、ガーブ川に蓋をする形で一九六四年に建てられたものだ。およそ三〇〇メートル続く水上店舗は、緩やかにカーブしており、そこが川だった時代が窺える。水上店舗が建設されるまでは、川の上に木

上原果物店
全国発送致します
めんそーれ
おいしい
果物いかが
アサヒプロパン

の板を渡して商売をする人達が大勢いた。大雨が降るたびに川は氾濫し、あたりは水浸しになっていたという。

信吉さんが公設市場で働き始めて六十年以上経つ。これまで過ごしてきた時間を振り返って一番印象に残っているのは、公設市場が火事になったときのことだという。

那覇市第一牧志公設市場は、一九五〇年、米軍管理用地を借り受け開設された。そこは私有地を米軍が接収したもので、一九六〇年代に入ると、地主から返還を求める声があがる。そこで那覇市は、一九六九年、近くに第二牧志公設市場を建設し、市場事業者に移転を求めた。店主達は移転賛成派と反対派に分かれ、建物が完成したあとでも移転に反対する人は少なくなかった。何度か不審火があり、信吉さんも寝ずの番をしたこともあるが、昼間に大きな火災が起こり第一牧志公設市場は消失してしまう。紆余曲折の末、第一牧志公設市場は元通りの場所に再建されることになった。そうして現在の建物で営業が始まったのは一九七二年、沖縄が返還された年の秋だ。

「昔は地元のお客さんばかりだったけど、復帰してからは次第に観光団が増えてきて、扱う品物も変わってきたね。昔はマンゴーなんてなかったけど、今は一番売れる。八月だとアップルマンゴーがあって、九月はキーツマンゴー。この季節が終わると、今度は輸入品が入ってくるから、それを並べる。沖縄のぶんだけではちょっと足らんから、輸入品を売るわけ」

七時半に品出しを終えると、信吉さんは椅子に腰掛けて一息つく。いつも決まってラジオをかけていて、流れてくる民謡に耳を傾ける。昼は観光客で埋め尽くされているが、朝の時間は人通りも少なく、トラックも行き交う。顔なじみなのだろう、運転手は挨拶をして通り過ぎてゆく。早朝から働く信吉さんは、仕事を終えると、あとはひたすらのんびり過ごしている。

「家に帰ったら、もうのんびりです。何もやらない。新聞を読んだり、テレビを観たりするくらい。今の時期はね、相撲を観てる。これが楽しみなわけ。応援してるのは、やっぱり沖縄の力士だね」

昨日は沖縄出身の美ノ海が勝ちましたねと話を向けると、信吉さんは嬉しそうに笑った。八時頃に孫の隼人さんがやってくると、バイクにまたがり、颯爽と帰ってゆく。この時間に市場も開場時刻を迎え、あたらしい一日が始まる。

疲労回復には山羊汁を
上原山羊肉店

第一牧志公設市場には十三箇所の扉がある。当初の建設プランではこんなに出入り口を作る予定ではなかったけれど、施工業者が「市場は回遊性があったほうがいい」と言って扉を増やしたという。建物の外側にあるお店は「外小間」、内側にあるお店は「内小間」と呼ばれている。

一番扉を開けて場内に入ると、扉のすぐそばにベンチが置かれており、市場が開場する前から仕事に取りかかる女性の姿がそこにある。「上原山羊肉店」の上原政子さんだ。政子さんは肉屋だが、ラジオで沖縄民謡を聴きつつ、早朝から島らっきょうの皮剝きに勤しんでいる。

「これは自分の店の仕事ではなくて、アルバイトみたいなもんだね。朝はいつも、始発のゆいレールでこっちにきて、六時半ぐらいには仕事を始めてる。漬物屋さんに頼まれて島らっきょうの皮を剝いたり、自分の店で売っているスクガラスを瓶に詰めたりね。子供が小さかった頃はよその仕事をアルバイトする余裕はなくて、自分の仕事で精一杯。子供を学校に行かせて、八時過ぎに市場に仕事にきてたけど、今は子供達も大人になってるからね。私ひとりで、朝起きてやることもないから、早くから市場にきてます」

政子さんは昭和十八年、宮古諸島に位置する伊良部島に生まれた。実家は農家を営んでいて、小さい頃から家業を手伝っていた。

「伊良部島にいる頃は、畑の草刈りをしたり、田んぼを耕したり、おうちの仕事をしながら学校に通ってましたね。あの時分はサトウキビや豆腐豆、ゴマや麦、あと西瓜なんかも作っていて。家の手伝いをするのはもう当たり前。畑仕事をしながら、お父さんと一緒に網を担いで追い込み漁に行ったりしてね。いろんなことをしてきたよ。そんなふうに過ごしていても、それが当たり前だと思っていたから、苦労しているとは思わなかったね」

中学を卒業すると、伊良部島を離れて那覇に出た。政子さんは長女で、弟と妹が六名もいて、皆を学校に通わせるためには現金が必要だった。畑仕事は下の子供達に任せて、政子さんは出稼ぎに出ることに決めた。郷里を旅立つ日には家族が港まで見送りにやってきて、紙テープを投げて別れを惜しんだ。「懐かしいよ。普段は忘れてるけど、話していると思い出す」。そう振り返る政子さんの目には涙がにじんでいた。

「伊良部島を出たときにはまだ仕事が決まってなくて、まずは那覇に住んでいた親戚のおばさんを頼って、それから仕事を探してね。紹介してもらったのは、大きな問屋のお手伝いさん。そこで毎日、朝早くから夜遅くまで働く。昔の人は休みを取るってことがあんまりなかったから、それがいまだに体に染みついてる」

苦労したのは食事の支度だ。苦労したというのは、政子さんが中学を卒業したばかりで幼く、料理経験が浅かったということではなく、憂愁に満ちた理由があった。

「伊良部島にいた頃はね、そんなに食べるものがなかったんですよ。ご飯というのはなくて、芋だけ。学校に弁当で持って行くのも芋。皮を剝いて輪切りにした芋をハンカチに包んで持って行ってましたよ。今の子供からすると考えられないでしょう。島に食品が運ばれてくることもあったけど、お金持ちしか買えないわけ。病気したときだけおかゆが食べられる。そんなだったから、料理をするということが少なかった。その問屋には同じ島出身のお姉さんが働いていたから、その人に教わって料理を覚えて。食事をするときには問屋の家族が並んでいて、そこに御膳を出して、私も一緒に食べる。でも、御膳を前にすると、とても食べきれんわけよ。自分ひとりでこんなに美味しいものを食べていいのかなと思ってしまう。ああ、近くだったら兄弟に持って行ってあげるのにと、最初はそんなことばかり思ってたね」

しばらく問屋で働いていたが、二十二歳のときに縁談があり、結婚。夫の両親が営んでいたのが「上原山羊肉店」だった。

「山羊肉店という名前だけど、山羊だけじゃなくて豚も扱ってる店でしたね。伊良部島に住んで

比嘉セリナ
シークヮーサー
ぽんず
酢
シークヮーサー
果汁100%
ミミガージャーキー
MIMIGA JERKY
山羊肉
1kg ¥ 5,000円
1kg ¥ 10,000円
やぎ汁

いたときも、お正月だけはお肉を食べてたんです。お正月になると飼っていた豚や山羊を潰して、まだ冷蔵庫がない時代だから、豚肉はこんな大きい甕に塩漬けで保存する。山羊肉も年に一回ぐらいしか食べないから、高級品という感じだったね。山羊を飼っておいて、正月になると売って小遣いにする人もいてね。昔の年寄りは年金がないから、山羊を売って稼いでいたよ。最近の年寄りは『年金があるのに、何で難儀して山羊を飼うか』と言うけど、昔はちょっと田舎に行くとあちこちで山羊を飼っていたね」

沖縄の人にとって、山羊は食べ慣れた食材の一つだ。公設市場にも山羊肉店が五、六軒あったが、この十年で次々と閉店してしまって、現在では「上原山羊肉店」だけが残る。山羊を飼う人が少なくなり、山羊肉が高級品になってしまったことが原因だという。また、一時期「山羊肉を食べると高血圧になる」という噂が流れたことも追い打ちをかけた。ただ、二〇一四年に琉球大学の砂川勝徳教授が「山羊肉を食べても血圧は上がらない」という研究結果を発表すると、山羊肉は人気を取り戻し、最近は山羊肉を食べる観光客も増えている。

「沖縄ではね、元気をつけるときに山羊肉を食べるんです。家を新築しても、棟上げのときには大工さんの疲れをとるために、必ず山羊を出す。私なんかも、疲れたときには体が請求するから、山羊を食べる。商品として扱っていると食べる気がしなくなるんじゃないかと言われるけど、そんなことない。お肉屋さんはお肉が好きだし、魚屋さんは魚が好き。食べ方は色々あるけど、私はスープが好きだね。山羊汁というのも地域によって作りかたが違って、那覇だと山羊だけ炊いて塩味で食べる。宮古だと汁の中に昆布や大根も入れて、味噌で味つけして食べる。家族も皆山羊汁が好きだから、私が疲れた様子でいると、子供が『ママ、山羊の食べごろじゃない？』と言うんですよ。そうすると『そうだね、疲れているからね』と山羊汁を作って食べるんです」

昔に比べると、公設市場まで山羊肉を買いにくるお客さんは少なくなった。工場は息子に譲り、政子さんは市場で電話番をして過ごす。早朝から夕方まで働く政子さんにとって楽しみなのは、週に一、二回、仕事帰りにサウナに寄ることだ。

「少し歩いたところに、りっかりっか湯という銭湯があるんですよ。そこでサウナに入って、桜坂のお店で一杯飲んで、二、三曲だけカラオケを歌って帰る。それが楽しみだね。好きな曲は何だろうね。最近はよく『命くれない』を歌っているけど、瀬川瑛子は好きかもしれないね」

いつか政子さんの歌声を聴いてみたいと思っているのだが、その夢はまだ叶っていない。

サングラス姿でお出迎え

美里食肉店

沖縄では「豚は鳴き声以外すべて食べる」と言われる。市場を歩いていると、豚の頭の皮に味付けをしたチラガーや、豚の内臓を綺麗に下処理した中身があちこちの肉屋さんに並んでいる。そこで一際目を引くのが「美里食肉店」で、店頭には豚の頭が丸ごと置かれている。豚の頭にはサングラスが掛けられており、「ジェニファー」という名前までつけられている。

「よく間違えられるんですけど、これも売り物なんです」。そう説明してくれたのは「美里食肉店」の美里宗徳さんだ。豚の頭はただ飾られているわけではなく、冷凍された状態から解凍するために店頭に置かれている。サングラスを掛けることになったきっかけは、宗徳さんが働き始めて間もない頃にまで遡る。

「当時の市場はまだ観光地になってなかったんですけど、嘉手納基地から遊びにくる外国人は多かったんですよ。ある日、売り物として豚の頭を並べてたら、通りかかった外国人が自分のサングラスを豚にかけて写真を撮ったんです。それを見たときに、『ああ、こうやって写真を撮ってあげればいいんだ』と思って、豚の頭にサングラスを掛けておくようになって。しばらくすると観光のお客さんが多くなって、ちょうどケータイが普及し始めた頃だったんで、写真を撮っていく人が増えましたね」

豚の頭に「ジェニファー」と名づけたのも宗徳さんだ。観光客から「この子の名前、何て言うんですか？」と尋ねられた際、咄嗟に思い浮かんだ名前が「ジェニファー」だった。名前をつけてしまったからにはと、新たに豚の頭を入荷するたび、何代目か数えている。この日、店頭に並んでいたのは五三五二代目のジェニファーである。

「美里食肉店」を創業したのは宗徳さんのご両親。母親の和子さんは昭和十五年、宮古島に生まれた。

「うちのお袋は十四歳のときに宮古島から那覇に出てきて、養豚場を経営しながら市場でお肉屋さんをやっている人の手伝いをしていたみたいです。結婚したのをきっかけに自分でお店を始めて、そこから数えて四十年以上になりますね。今の建物ができる前に独立して、そのあと公設市場が火事で焼けたときは、新しい市場が完成するまでのあいだサンライズ通りの路上で商売していたみたいです」

宗徳さんは昭和五十二年生まれ、四人兄弟の末っ子だ。父親のことが好きだった宗徳さんは、日曜日になると一緒に市場まで出勤し、見よう見まねで肉に触れていた。まだ幼かったこともあり、飽きるとあたりで遊んでいたが、当時の市場は怖い場所だという印象が強かった。

「あの頃は毎日お客さんで溢れていて、お客さんのあいだをすり抜けてチョロチョロ走りまわってたら、『お前、どこの子供か！』と怒鳴られたんです。うちのお袋のお母さんぐらいの世代の人達がまだ働いていて――あのオバア達、怖かったあ。公設市場自体も、僕が生まれたときには今の建物になってましたけど、もっと暗い感じだったんですよ。今は床に防水のペンキが塗られていてきれいに見えるけど、昔はタイル張りだったんですよね。灯りも蛍光灯じゃなくて、店の前に裸電球が吊るしてあるだけで、全体的にもっと暗くて、『自分の店の前にしか味方はいない』と思ってましたね（笑）。でも、最初は『どこの子供か！』と怒鳴っていたオバア達も、肉屋の息子だとわかると優しく接してくれました」

両親は毎日忙しく働いていた。父・忠登さんは午前三時過ぎに仕入れに出かけ、枝肉を担いでお店にやってくる。母の和子さんは、宗徳さんを保育園に預けてから出勤する。保育園に迎えにきてくれるのは祖母だった。他の兄弟は祖母の家に寝泊まりして学校に通っていたけれど、宗徳さんは夜遅くに迎えにきてもらって、両親と一緒に寝起きしていた。「僕は寂しがり屋だったから、両親は難儀したと思います」と宗徳さんは振り返る。

「日曜日なんかは親父と一緒に作業場に行って、中身の脂を取ったり豚足を洗ったり、包丁を使

手造り
ラフテースライス
1P ¥1,500-
まーさむん
らふてい

わない作業は手伝ってましたね。子供だから途中で飽きちゃうんだけど、でも、楽しかったですよ。沖縄だと、肉の毛の処理をするために表面をバーナーで焼くんです。あるとき、そうやって処理をしている途中で肉の端っこを切って、バーナーで焼いて食べさせてくれたことがあるんですよ。ちょうどお腹が減った頃を見計らって食べさせてくれたこともあって、今まで食べてきた肉のなかで一番美味しく感じました。それが今でも忘れられないですね」

宗徳さんにとって市場は学校みたいな場所で、店のお客さん達も我が子のように接してくれた。ただ、お店を継ぐことはまったく考えていなかったという。

「小さい頃から肉屋の仕事を見て育っているぶん、他の世界を見てみたいって思いもありましたし、外に出てみたいって気持ちも強かったんです。でも、お盆の前や正月前になると、あの忙しさが頭から離れないんですよ。昔は半端じゃなく忙しくて、大晦日は夜遅くまでお客さんが買い物にやってきて、片づけをして翌日の準備をして、除夜の鐘は市場で聴いていたぐらいでした。その記憶が残っているから、年取った両親ふたりではきっと大変だろうと思って、毎年手伝いにきてたんです。そのうちに他の仕事ができなくなって、二十五歳から本格的に手伝うようになりましたね」

沖縄では、お祝い事があると中身汁を作るのが定番だ。三枚肉やソーキも、供え物に欠かせない食材であり、ごぼうを肩ロースの薄切り肉で巻いたごぼう巻きも供え物として一般的だ。豚肉は、お盆のお供え物にも用いられる。たとえば、お盆の初日にあたるウンケーの日に定番なのがウンケージューシー。これはご先祖様をお迎えするための炊き込みご飯で、これには出汁がよく出る豚の赤肉を入れる。「中身、三枚肉、ソーキ、肩ロース、赤肉。この五品は、ウンケーのときには絶対に切らしてはいけない品物ですね」。宗徳さんはそう教えてくれた。

「ただ、豚肉だけじゃなくて、牛肉もよく売れてましたよ。特に昔の沖縄だと、和牛ってのはなくて、アメリカからの輸入牛が多かったんです。今は全国どこでも安いステーキ肉が食べられますけど、昔は高級品だったんですよね。でも、沖縄では安くて質のいいステーキ肉が買えるから、本土あてにお中元やお歳暮として贈る人は多かったですね。僕が小さい頃でも注文が多くて、包装を手伝いにきてました。牛汁なんかにして牛肉を食べる文化は昔からありましたし、アメリカだった時代にバーベキュー文化も根づいていたから、誕生日には家庭でステーキを振る舞うことも多かったと思います」

　小さい頃から家業を手伝っていた宗徳さんだが、いざ働き始めてみると苦労することもあった。その一つは言葉の問題だ。

「その時代のお客さんは、うちのお袋と方言でやりとりしてたんです。最初のうちは肉の部位の方言をおぼえるのが大変でしたね。那覇の方言ならわかるんですけど、地域によって言い方が違うから、別の方言で言われたらどこの部位かわからなかった。今はもう、大体わかるようになりましたけどね。あと、今は機械になりましたけど、昔は鉈で骨を切ってたんです。豚足を何本も切っているうちに、『自分の骨が切れるんじゃないかな?』と思うくらい腕がビリビリすることもありました」

かつては夜の十時過ぎまで買い物客で賑わっていたが、今では地元のお客さんが少なくなったこともあり、七時過ぎには閉店している。公設市場に足を運ぶ地元客が減り始める――潮目が変わったきっかけとしてよく語られるのは、「那覇ショッパーズプラザ」(後の「ダイナハ」)の開店である。ダイエーが運営する「那覇ショッパーズプラザ」は、沖縄県外の資本が経営する初の大型ショッピングセンターとして一九七五年五月にオープンした。

「沖映通りに『ダイナハ』ができたときは、うちのお袋も心配して、皆で反対したらしいんですけど、そのときは別に影響がなかったみたいです。『ダイナハ』には駐車場がなかったから、それなら慣れてる場所がいいということで、特にお客さんは減らなかった。それよりは『ジャスコ』(那覇店)ができたときのほうが影響は大きかった気がしますね。那覇空港の近く、基地だった場所が解放地になって、『ジャスコ』ができたんです。道路が整備されて行きやすくなったこともあって、大きい駐車場のある『ジャスコ』にお客さんが流れるようになりましたね」

「ジャスコ」(那覇店)のオープンは一九九三年。商店が少なかった時代には県内各地から公設市場界隈に買い物客が詰めかけていたが、スーパーマーケットが増えるにつれて客層が移り変わり、観光客が増えてゆく。そんな時代に店を継いだ宗徳さんが心がけているのは、自分が見て育った商売を引き継いでいくこと。

「観光でやってきたお客さんに対しても、地元のお客さんに対しても、特に接客は変えないようにしてるんです。初めてやってきたお客さんでも、沖縄の食文化を知ってもらう良い機会になるんじゃないかと思ってジェニファーを並べてるんですけど、たまに嫌がって『怖い』と言う観光客の方もいるんです。そういう言葉が聴こえてくると、そっと隠したくなるんですけど、『そういうことは言わないで』と言うようにしてます。俺が小さい頃に怒られていたオバア達だったら、たぶんそう言うと思うんですよね。それは変えたくないなと思います」

宗徳さんは今、兄の豪輝さんと一緒に店を切り盛りしている。母の和子さんもまだ健在で、お店に立ち続けている。

「地元のお客さんでも観光のお客さんでも、軒先でやりとりするのが楽しみですね」と宗徳さんは言う。「長く働いていると、奇跡の出会いもあるんです。中学生のときに修学旅行で一緒にやってきた友達が、卒業後ははなればなれになって、家族旅行で久しぶりに公設市場に遊びにきて何十年ぶりにここで再会する——そんな偶然もあるんです。『怖い』と言われちゃうこともあるけど、あのときは豚の頭を置いていて良かったなと思いましたね」

中国語も操る名物女将

長嶺鮮魚

沖縄を象徴する風景の一つは、エメラルドグリーンに輝く海だ。海だけでなく、そこを泳ぐ魚も色鮮やかである。牧志公設市場の鮮魚部を歩けば、色とりどりの魚たちが陳列されており、観光客は思わずカメラを向ける。水槽の中ではエビやカニが小さく動いている。

「私が働き始めた頃は、こんなして陳列してなかったですよ」。そう教えてくれたのは「長嶺鮮魚」の長嶺次江さんだ。「昔はこんな近代化してなくて、水槽もなかったです。一〇〇メーター先の氷屋から氷を買ってきて、それを広げた上に魚を並べてましたね」

一九四一年生まれの次江さんは、十九歳の頃から市場で働いてきた。ここでお店を創業したのは伯母で、「店が忙しいから加勢してくれないか」と頼まれ、次江さんも鮮魚店で働き始めた。半世紀以上にわたり市場を見守ってきた次江さんは、今や「長嶺鮮魚」の名物女将となり、お客さんを呼び込んでいる。こんなに朗らかに接客しているということは、次江さんは小さい頃から人と話すのが好きな子供だったのだろうか――そんなことを尋ねると、「あの時代の子供に、会話する暇があるの！」と、ぴしゃりとした口調で次江さんが言う。

「私が小さい頃は、今日は何を食べる、明日は何を食べるという時代ですよ。ごはんを食べていくためには、小さいうちから働かないといけない。とにかく『お母さんに楽をさせてあげたい』ということしか考えられなくて、会話なんてしている暇がないですよ。ちょっとでも良い仕事がないかといつも探して、それで市場にきたわけ。その当時は若い人なんて数人しかいなくて、働いているのはほとんど戦争未亡人のおばちゃん達でした。皆さん私より年上だったけど、優しくしてくれて。沖縄の商売は会話が大事だから、ユーモアの精神でやる。そこで周りの皆さんに教わって、色々会話をするようになったんです」

次江さんが生まれたのは、本島最南端にある糸満市だ。糸満は古くから海人の町として栄えてきた。琉球王朝が農業を奨励した時代にも、農耕に適した土地が少ない糸満では漁業が認められていた。

「糸満は海人の国で、お父さんは漁に出るわけ。それをお母さんが受け取って、タライを頭に載せて行商に出る。これが糸満の風景だね」

お母さんを島言葉で「アンマー」と言う。糸満の女性は「糸満アンマー」と呼ばれ、沖縄各地まで行商に出た。公設市場で扱われていた魚もまた、行商にやってきたアンマー達から仕入れたものだった。

「行商は糸満だけじゃなくて、やんばるからくる人もいれば、石川からくる人もいるし、各地域からバスに乗って売りにくるんです。それを天秤に載せて重さを量って、仕入れたぶんを並べる。あの時代はね、今みたいにいろんな魚を並べてないですよ。小魚を売る店は小魚を売る、マグロを売る店はマグロを売る、高級魚を売る店は高級魚を売る。そうやって店ごとに全部分かれてましたよ」

大きな魚は高級品だったこともあり、小魚を売る店が多かった。市場に並ぶのは獲れたての新鮮な魚だが、生で食べることは珍しかったという。

「沖縄だと、刺身というのをあまり食べなかったんですよ。食べるとしたら行事のときぐらいでしたね。それも、醤油につけて食べるんじゃないんです。〝なまし〟と言って、小魚を切って、酢と味噌と和え物にして食べるのが普通だったんですよ。夏はそこにきゅうりを入れたりしてね。復帰してからワサビが流通するようになって、醤油で刺身を食べるようになりました」

刺身を食べる人が増えると、「長嶺鮮魚」でも刺身を扱うようになった。地元のお客さんはミーバイならミーバイ、マグロならマグロ、タコならタコと単品で買ってゆく。ただ、観光団が増えたことで、今は刺身の盛り合わせも提供するようになった。ホタテにマグロ、いかにサーモン、それにウニがついて五〇〇円と手頃な値段だ。「長嶺鮮魚」ではオリオンビールも二五〇円で販売

イラブチャ、
さしみからあげ

しており、近くに用意されたテーブルで食べていける。ただ、市場の醍醐味と言えるのはやはり「持ち上げ」だろう。

「観光団が入るようになったときに、市場の組合で『観光客の方に市場で買い物してもらえるように工夫しよう』という企画を立てたんです。せっかく旅行にきたんだったら、ホテルで食事を済ませるより、市場で食材を見てもらって、それを二階の食堂で調理したらどうか、と。それが今でも続いてるんですね」

第一牧志公設市場で「持ち上げ」が始まったのは一九九〇年頃のこと。二〇〇〇年に沖縄サミットが開催され、翌年には沖縄を舞台としたNHK連続テレビ小説『ちゅらさん』が放送されると、市場を訪れる観光客が急増した。鮮魚店で購入した品物は、ひとり三品まで「持ち上げ」が可能で、二階の食堂に調理手数料として五〇〇円を支払う。「長嶺鮮魚」の店頭に並べられた魚介類には、それぞれおすすめの調理法が書かれている。かにはチリソースと汁、アバサ（ハリセンボン）は汁と唐揚げ、高級魚のイラブチャーは刺身か唐揚げ、うしえびは塩焼きやバター焼きからチリソースにフライと幅広い。

ここ数年は中国からの観光客が増えたこともあり、中国語の案内看板もある。ただ、看板だけでは対応しきれず、鮮魚部には中国語を話せる従業員を雇う店が増えており、「長嶺鮮魚」にも中国語が話せる従業員がふたりいる。そのうちのひとり、山城蓉子さんは中国の福建省出身だ。

「私が生まれたのは福建省の廈門《アモイ》というところで、今年で五十八歳です。日本にきたのは三十年前で、最初は日本語学校で日本語を勉強してましたね。そのうちに旦那と知り合って、結婚してずっと住んでますね。最初は二階にある『きらく』という食堂で二十年近く働いてたんだけど、孫が生まれて辞めたんですよ。中国だと、おばあちゃんが孫の面倒を見るのは当たり前だから。でも、孫が保育園に通うようになって余裕ができたときに、『最近は中国人観光客が多いから働いてくれないか』と言われて、働くようになったんです」

沖縄を訪れる中国人観光客は、この十年で急増した。特に多いのは夏休みと旧正月だ。

「昔は旧正月になると家族が集まって過ごしてたんだけど、今の若い人の家には仏壇もないからね。だから旧正月でもおうちで過ごす人は少なくなって、それで旅行に出かけるわけ。あと、二〇一一年にビザの仕組みが変わったでしょう。最初に沖縄で一泊すれば、そこからは自由に日本に滞在できるビザができたんですよ。一度に滞在できるのは三十日までだけど、そのあと三年間は何度でも日本にこれる。これもあって、沖縄にくる観光客が増えてるんですよ」

蓉子さんが来日した時代には、中国からやってくるのは留学生が多かった。中国経済が成長するにつれて留学生は少なくなり、観光客が増えている。ただ、公設市場でアルバイトしている中国人は留学生が多いのだという。

「今はもう、中国語をしゃべれないと駄目だっていうぐらい中国のお客さんが多いですよ。八〇パーセント近くが中国のお客さんという感じ。中国は水が駄目だから、生では食べられないけど、日本は生で食べられる。それが珍しいから、皆さんすごくたくさん買い物していきますよ。四、五名できたお客さんでも、一〇万円から二〇万円も食べたりする。ただ、せっかく日本にきたんだから日本人と話がしたいと思う人もいて、そうすると中国人の店員じゃなくて、日本人の店員に話しかけるお客さんもいますね」

店頭でのやりとりを眺めていると、蓉子さんだけでなく、次江さんもまた中国語で接客していることに気づく。『食事していきますか?』とか、『手数料はいくらですよ』とか、そういう基本的なことは話せるようになったんですけど、普通の会話はできません」。次江さんはそう言って笑った。

最初は伯母とふたりで営んでいた「長嶺鮮魚」だが、現在では七名の従業員を抱えている。次江さんは社長であるにもかかわらず、今も朝七時から夜八時まで店頭に立ち続ける。七十七歳になった今も、そんなに働くのはなぜだろう?

「何でと言われても、お客さんと話すのは面白いからね。小さい子供もいれば大人もいる、おじいちゃんおばあちゃんもいる。こうやって働いていると、いろんな人と話せるでしょう。お店というのは面白いですよ。地元のお客さんがくれば方言で話して、内地のお客さんがくれば標準語で話す。昔は方言しか話せなかったけど、今は標準語も上手になってるさ。今度は中国のお客さんがくるようになって、中国語で話しかけたりね。明日はどんなお客さんと会うかなと考えると、毎日楽しいですよ。そうじゃなかったらこの仕事はできないですね」

話を伺っていたところに、さきほど「長嶺鮮魚」で買い物した観光客が通りがかった。次江さんはすぐに笑顔を向け、「どうでしたか、おいしく食べました?」と声をかける。観光客は「美味しかったです、立派でびっくりしました」とお礼を言って、満足げな表情で去ってゆく。

大阪と沖縄の深い繋がり

道頓堀

お昼時ともなれば、市場の二階にある食堂街はほとんど満席だ。どの店に入ろうかとぶらついていると、「道頓堀」という看板が目に留まった。沖縄なのに道頓堀とはどういうことだろう?

「それはお客さんからもよく尋ねられるんです」。「道頓堀」でマネージャーを務める上原佐和美さんはそう苦笑する。「うちの祖父は上原寛太郎といって、明治の人なんです。その頃の沖縄には仕事らしい仕事が少なかったんで、出稼ぎに行く人が多かったんですね。関西のあたりには紡績工場がたくさんあって、そこで働くために祖父は大阪に移住していたんです」

沖縄は移民県として知られる。戦前に日本から海外へ移住した人は約七十七万人だが、そのうちの約七万人が沖縄県民だ。人口比を考えると、海外移住者のおよそ一割が沖縄県民というのは相当な比率だと言える。一八九九年、沖縄初となる海外移民がハワイへと旅立った。当時の沖縄は貧しかった。一九二〇年代に入ると、第一次世界大戦後の恐慌によって状況は深刻化する。食糧難からソテツを食し、食中毒で命を落とす人も出ており、「ソテツ地獄」と呼ばれた時代が訪れる。この時代には、海外だけでなく、新天地を求めて他の都道府県に移り住む人も多くいた。人気だった土地の一つが、船便で結ばれていた大阪だ。寛太郎さんも海を渡ったひとりで、移住先で家庭を築いた。

「祖父は大阪に渡ってすぐに食堂を始めたわけではなくて、最初のうちは旅館を経営してたみたいです。向こうで終戦を迎えて、まずは祖父が沖縄に帰ってきて、一九五五年にどういうわけか飲食店を始めた。しばらく経って息子夫婦——私の両親ですね——を呼び戻して、一緒に仕事していたらしいです」

寛太郎さんがお店を構えたのは市場中央通りで、そこは〝冷し物〟の店だった。〝冷し物〟の店というのは沖縄各地にあり、かき氷やぜんざいを提供している。

「うちの祖父には先見の明があって、大判焼きやソフトクリームを出す店をやっていたんです。そんなものを出している店は他になかったから、かなり活気があって賑わったらしいですよ。あの頃は沖縄各地から那覇の市場に買い物にきていた時代で、買い物の帰りに食堂でごはんを食べるのが楽しみだったと思うんです。その当時は食堂がそんなにたくさんあったわけではないですから、外食というのも珍しかったんでしょうね」

寛太郎さんが始めた食堂には屋号がなかった。「道頓堀」と名前をつけたのは、佐和美さんの両親・寛一さんと良子さんの夫婦が独立して店を始めたときのことだ。生まれ育った大阪の中でも特に活気のある通りの名前をつけようと、この屋号を選んだのだという。

「祖父の店は買い物にきたお客さんをターゲットにしてましたけど、新しい店は公設市場のすぐ隣にあったんで、市場で働く人に向けた食堂にしたみたいです。当時はわずか半間ほどの広さに一つのお店があって、ひとりで切り盛りされている方も多かったですから、店を離れて外に出たくない人が多かったんですよ。そこで父は、今で言うデリバリーを始めたんです。まだ電話がなかったから、お昼が近づいてくると聞いてまわるわけですよ。メニューは日替わりで、『今日はイラブー汁だけど、いかがですか』と。あるいは、『あんたの店、明日は何かね?』と訊かれたら、明日はこんな料理にするよと答えて、『じゃあ明日、お昼に持ってきてね』と注文されたりね。そんなふうにして商売してたんです」

佐和美さんは小さい頃から食堂の仕事を手伝っていた。小学生の頃の主な仕事は薪割りだ。

「当時の物流というのは、段ボールで運ばれてくるんじゃなくて、木箱で運ばれてくるんです。果物にしても缶詰にしても、木箱に入って運ばれてくる。市場で働く皆さんは朝になると木箱から商品を取り出して、晩には木箱が山積みになっているんですよ。それをもらってきて、釘を抜いて解体する。そうすると一枚の板になりますよね。あの頃はまだガスがなかったから、料理なんかもこの板を燃料にして作ってたんです。今は薪を燃料に使うと公害問題になるでしょうけど、

まちぐゎー
食堂
道頓堀
Edy
会計

あの薪割りは楽しい思い出ですね」

一九七二年、「道頓堀」は建て替えられたばかりの公設市場の二階に移転する。最初のうちは二階が食堂街だったわけでもなく、雑貨屋さんに混じって食堂を営んでいた。寛一さんは移転を機に趣向を変えて、おでんを看板メニューに掲げた。

「あの頃はまだ、おでんは飲み屋さんで出すものというイメージが強かったんです。それを食堂で出すというのは、アイディアのある父だったなと思いますね。沖縄の人はてびちが好きだから、沖縄のおでんにはてびちを入れるんです。おでんであれば、午前中のうちに準備をしておけば、注文が入ったときにすぐに出せる。そうすると人数が少なくても対応できるでしょう。軍でよく使っていた四角い大きい鍋を二つ、ガスコンロにかけておいて、そこでおでんを煮る。そんなに種類があるわけじゃなかったけど、あんまりお腹が減ってない人は何個かつまんで、お腹が減っている人はたくさん注文できますよね。大根は輪切りにするんじゃなくて、四分の一に縦割りする。だから長い大根で、お皿からはみ出してましたね。結び昆布なんかも、一つでおたま一杯ぶんぐらいあるんですよ。決しておしゃれに見えるものではなかったけど、量は多いということで繁盛しましたね」

最初は夫婦ふたりで切り盛りする小さな店だったが、今では三十二名の従業員を抱える大店だ。提供するメニューも時代とともに移り変わる。観光客が増えた今ではおでんは売っておらず、一番人気はソーキそばだ。

「今はネットの時代になってますので、観光でいらっしゃる方も事前に検索できるでしょう。旅行にこられる前にある程度調べていらっしゃるから、沖縄料理についても皆さん詳しいですよね。ゴーヤなんて、昔は『にがうり』と言わなければ観光客の方に通じなかったけど、今は外国のお客さんでも『ゴーヤ』で通じますよ。チャンプルも全般的によく出ますし、グルクンの唐揚げなんかも人気ですね」

父の跡を継いだのは、長男の隆さんだった。ただ、隆さんは十三年前に亡くなってしまって、今は次男の恵造さんが社長を務めている。今でこそマネージャーとして「道頓堀」で働く佐和美さんだが、若い頃は別の仕事に就いていたという。

「小さい頃は店の手伝いをしていたんですけど、若い頃はね、この食堂から逃げたいというかね、違う仕事がやりたいと思っていた時期があるんです。それで一時期はフランス料理店で働いていたんですね。最初のうちは知り合いがやっているフランス料理店で修行して、久茂地《くもじ》に『TAMARA』というお店をオープンしたんです。そこは結構賑わっていたんですけど、兄弟は皆、何かしら店を手伝っていたんですよ。私は八人兄弟の五番目なんですけど、やっぱりこの食堂を手伝わなければと思うようになって、四十代後半になってまたここで働くようになったんです」

その話を聞いて謎が解けた。佐和美さんはいつも蝶ネクタイをして食堂に立っているが、それはフランス料理店で働いていた時代の名残りなのだ。

「ここで働くようになって、最初はポロシャツできたんです。それだとどうも士気が高まらなくて、前のスタイルでやればいいんじゃないかと思って、蝶ネクタイをしてみた。そうすると気合が入って、楽しい気分で仕事ができたんです。しゃきっと仕事をするには、このスタイルがいいなと思ったんですよね。自分が持っている洋服を箪笥の肥やしにして仕事をするより、自分に合うスタイルで仕事をしたほうが楽しいですよね」

佐和美さんは週に六日、「道頓堀」で働いている。日々の楽しみは何かと尋ねると、「仕事にくるのが一番の楽しみ」と佐和美さんはきっぱり言う。今日はどんなお客さんに会えるだろう。期待で胸を膨らませて、佐和美さんは今日も食堂に立つ。

山城こんぶ店

祖母から引き継ぐ相対売り

　昆布店と聞くと、ほとんどの人は乾物屋を思い浮かべるだろう。だが、公設市場にある「山城こんぶ店」が扱っているのは乾燥させた昆布ではなく、ゆがいた昆布だ。沖縄で昆布は採れないが、江戸時代になると薩摩藩を経由して昆布が運び込まれるようになり、定番の食材となった。「山城こんぶ店」は、ゆがいた昆布やスンシー（めんま）を販売していて、これを買って帰ればすぐに炒め物が作れる。

「最初に昆布屋を始めたのは、自分のおじいさんとおばあさんなんです」。そう語るのは粟国《あぐに》和子さんだ。「自分が小さい頃に、おばあさんに聞いたことがあるんです。『どうして昆布屋をやろうと思ったの?』って。そのときの話だと、知り合いから昆布を分けてもらって、それを売ってみたのが始まりだと言ってましたね。その当時の市場はまだ建物じゃなくて、畑みたいな場所だったらしいです。今扱っている昆布の種類も味つけも、全部おばあさんの代から引き継いでますね」

和子さんは昭和二十四年、沖縄県北部にある国頭村《くにがみそん》に生まれた。母からは十四代将軍・徳川家茂に嫁いだ皇女・和宮から名づけたと聞かされたが、「あの時代は皆が平和を望んでたからだと思う」と和子さんは言う。生まれてまもない頃に祖父母が昆布店を始めて、家族で那覇に移り住んだ。

「国頭にいた頃の記憶はないけど、正月やお盆には遊びに行ってましたね。若い人は想像つかないと思うけど、庭にはシークヮーサーの実が一杯あって、それを採って食べるのが楽しみだった。もう、食べるものも遊ぶものも自然のものさ。畑の近くには必ず溜め池があって、学校帰りに洋服を着たまま泳いだり、洞窟を探検したり、丘からダンボールで滑ったり……。何をするにしても、身近にある自然なものを利用して、自分達で工夫して遊んでたわけ」

和子さんが生まれ育ったのは、戦争の傷跡が残る時代だ。ただ、まだ子供だったこともあり、「終戦後」ということは頭になく、毎日楽しく遊んでいたという。自宅のある平和通りは沖縄随一の商店街として大賑わいだった。

「あの当時、平和通りで手に入らないものはなかったね。路地には闇の両替をするおばさん達が座っていて、そこでドルを交換してもらえたり、アメリカの闇タバコを売っていたり、いろんなものが揃ってたね。あの当時は一階がお店で二階が住宅というのが多かったから、近くの子供達は一緒の学校に通ってるわけ。当時はお風呂がある家は少なくて、うちの隣はお風呂屋さんだったから、夕方になると皆が入りにくる。銭湯の隣には飲み物を飲んだりする小ちゃいお店が必ず

あって、そこに皆が集まってゆんたくする。そういう憩いの場があって、隣近所の繋がりがあったんだけど、いつのまにかお店と住宅が別になって、自然と薄れてしまった感じだね」

平和通りだけでなく、公設市場の繋がりも密だった。どこのお店も朝早くから夜遅くまで営業しており、一緒に過ごす時間は家族よりも長かった。行事があれば一緒にやり、子供の結婚が決まれば隣の店主も一緒に着物を選びに行き、子供が生まれればお風呂に入れてあげる。家族同然の付き合いで、自分達は市場の中で育ったようなものだと和子さんは振り返る。そうした環境で育ったこともあり、小さい頃から当たり前のように店を手伝っていた。

「あの当時はガスがなかったから、薪を燃やして昆布をゆがくわけ。那覇周辺には薪がないから、国頭のほうから取り寄せるんだけど、平和通りは朝と昼はクルマが入れなくてね。だから夜中にトラックで運ばれてくるんだけど、うちらも起こされて薪運びを手伝ってた。中学校になると、学校の近くに農連市場があって——農連市場は卸市場で、そこに三軒ぐらい昆布屋があったんですけど——朝早くからそこの手伝いをして中学校へ行く。高校になると、今度は公設市場のお店の手伝いをする。もう部活どころじゃないさ。うちだけじゃなくて、市場の子供達は皆そうだったね。友達が遊びに行ったりしていると、『なんで商売人の子に生まれたんだろうねえ』と思うんだけど、どういうわけか満たされてるのよ。なぜかというと、商売人の親としてのやりかたで育ててくれたからでしょうね。だから人を羨ましがることもなかったし、心の贅沢は十分にさせてもらったね」

小さい頃から昆布店の娘として育った和子さんだが、ずっと不思議に思っていたことがある。それは、祖母の接客ぶりだ。

「あの接客はすごく不思議で、仕入れにきたお兄さん達に対して、うちのおばあさんは怒鳴っているわけよ。でも、怒鳴られているのに、お客さんは笑っている。なんだろうこの雰囲気はって思ってたね。ふとしたことで『お前!』と怒鳴るんだけど、最後には『これ、持って行きなさい』と余分に昆布を持たせる。『どうしてあんなに怒鳴ってるのに、お客さんが切れないんだろう?』と思ってたけど、必ずどこかでカバーしている。だからお客さんとの繋がりが切れないのよ。それが昔ながらの相対《あいたい》売りなわけ」

相対売りというのは、公設市場を説明するときによく用いられる言葉だ。定価を表示して販売するのではなく、売り手と買い手が話し合って価格を決めるのが相対売りである。

「市場に買い物にくるのは常連さんだから、話しているうちに家族のことまで知ってしまう。買い物にきたお客さんに『お母さんは元気ですか』ってところから会話に入る、これが相対売りなんですよ。沖縄ではおまけのことをシーブンと言うんだけど、お客さんのことを叱ったりしても、最後には『シーブン入れといたから、あんたも食べなさい』と言って渡す。こういうやりとりがあるからこそ言えることもあるし、常連さんとの繋がりもできるのよ。相対売りがあるからこそ、行事のときに『ここの昆布じゃないと』と言って、わざわざ買いにきてくれる。普段は一〇〇円でもいいから、必要なぶんだけ買ってもらって、買い物のついでにやりとりをする。『今日は一〇〇円ぶんしか買わなくてごめんね』、『いやいや、とんでもないですよ』。そういうやりとりを重ねていくから、行事のときに買いにきてもらえる。『今度うちの姪っ子が結婚式するから、連れてきたさ』と言ってくれる。一〇〇円の繋がりが何倍にもなるのよ。そうやって常連さんと付き合うためにも、相対売りとシーブンが大事なわけよ」

扱っている品物や味つけは祖母の代から変わっていないけれど、和子さんの代で変えたこともある。その一つは、すぐに調理できるよう、細かく割いた昆布やスンシーを販売するようになったことである。

「これはね、最初は商品にするつもりじゃなかったんです。ある日、自分がおうちに帰って料理をするために、スンシーと昆布を細かく割いて、混ぜて置いておいたのよ。それを見たお客さんが『私、これが欲しい』と言ったのが始まりで、割いておいてあげれば忙しいお客さんは助かるだろうってことで商品化したわけ。でも、うちの母はそれに反対だった。『難儀しながら料理を作るのも楽しみの一つなのに、あんたがそれを取り除いてしまうと、お客さんが自分でやることがなくなっていく』と。それからもう一つ、母にはよく『あんたはゆんたくが多過ぎる』と注意されました。私からすると、若い人達には作り方を説明してあげないと、繋がっていかないと思うのよ。それで『こういう作り方もありますよ』とお客さんに話していたら、『あんたはお話が長過ぎる、私だったら黙っていてもお客さんが買いにきたのに』と言うわけさ。そうやって私が怒られていたら、あとで隣の店のおばあちゃんがカバーしてくれる。『カーコ、お前は間違ってないから大丈夫さ』と。そうやってお互いに支えあっているのがまちぐゎーだったよ」

長男の智光さんが昆布店を継いだ今も、和子さんは忙しく働いている。午前中は沖縄の食材を扱う流通卸の会社を手伝って、午後は昆布店で働き、夜は夫の信光さんが営む居酒屋「信」で料理を振舞っている。そんなに働きづめでくたびれませんかと尋ねると、「たしかに大変かもしれないけど、でもね、人間っていうのは慣れる」と和子さんは答えてくれた。

「だから、朝は毎日自然に目が覚めるよ。まずは朝ごはんを作って、お父さんとふたりで食べる。午前中は食材を発送して、午後は市場で仕事をして、これが終わるとお父さんの店で働く——このスケジュールが身体に染みついてるのよ。周りの人には『忙しくて大変だね』と言われるけど、慣れてしまえばどうってことないね」

話を聞かせてもらったあとで、和子さんの写真を一枚撮らせてもらった。後日、改めて「山城こんぶ店」を訪れて、プリントした写真を手渡した。しばらく写真を見つめていた和子さんは、「こうして見ると、ずいぶん貫禄が出てきてるみたいだね」と笑った。

沖縄料理に欠かせぬ鰹節

大城文子鰹節店

市場中央通りを歩いていると、鰹節の匂いが漂ってくる。沖縄県は一世帯あたりの鰹節消費量が断トツの一位だ。二〇一六年の調査によれば、全国平均が年間二七六グラムであるのに対して、沖縄はその六・四倍の一七六八グラムである。それだけ鰹節を使うせいか、市場中央通りには鰹節店が三軒も軒を連ねている。

せっかくだから買っていこうか。三軒のうちの一つ、「大城文子鰹節店」の前に立ち、鰹節を物色する。特に値段表示はないけれど、いくらぐらいするのだろう。店頭に佇んでいれば声をかけてもらえるかと思っていたが、店主は椅子に腰掛けたまま視線を落としている。おずおずと「おいくらですか」と尋ねてみると、「大きさによって色々ありますね」と店主は答えてくれた。

「これが一番小さいやつだから、ちょっと秤に当ててみましょうかね。うん、これだと一三〇〇円。何日ぐらいまでいらっしゃるの？　じゃあ、もうちょっと帰る日が近くになってから買うのがいいね。真空パックしますので、常温で持って帰って、家に着いたら冷凍庫に入れれば大丈夫ですよ。丸のままの鰹節なら野菜室でいいですけど、削ったのは冷凍庫。そうすれば使い終わるまで品質は変わらないです」

店の看板にある通り、店主の名前は大城文子さん。今年で八十歳になる文子さんは、昭和十三年に那覇で生まれた。那覇生まれということは、小さい頃から市場に馴染みがあるのかと思いきや、買い物は母がひとりで済ませていたので公設市場を訪れることはなかったという。最初に足を運んだのは二十歳で店を始めたときだ。

「うちは五名兄弟で、私が一番年長だったんです。父親は早くに亡くなっていたから、自分が稼がないとということで、市場で店をやることに決めました。親戚が市役所の係長をやっていて、『市場に空きが出たけど、どうか?』と言われたんです。そのとき空きが出た小間というのは、近くに難しい人がいて、それで辞めたらしいんですね。それでも平気かと聞かれたんですけど、私も生活がかかってるので、『どんな人とでも合わせますよ』と始めたんです。その人には、最初はちょっと意地悪もされたけど、あとでうんと可愛がられました」

文子さんが最初に始めたのは鰹節店ではなく、冷凍さんまを売る店だ。冷凍さんまを売りたいと思ったわけではなく、周りが冷凍さんまを扱う店だったので、それに合わせて商品を選んだのだという。

「あの時分はね、運動会なんかがあるときはさんまが売れてました。旅館や大きいレストランだと、フライにしてお客様に出してたみたいです。それが今の市場に建て替えになって、さんまを売っていた人達は皆クジ引きに当たって、今の場所で鰹節屋を始めたんです。最初は八軒ぐらい鰹節屋が並んでましたよ。年寄りになって、店を辞めたり亡くなったりして、ずいぶん少なくなりました」

三軒も鰹節店があると思っていたけれど、三軒しか鰹節店がなくなったといったほうが正しそうだ。

「それだけ鰹節屋があっても、どの店も繁盛してました。その時分は忙しくて、削り機というのは置いてなくて、丸のままで売ってましたよ。今は暇ですけど、当時は十倍売れてました。朝も並ぶし、夕方も並ぶし、盆正月になれば大変でしたね。昔は買い物するにはこの市場しかなくて、あちこちからお客さんがやってきて、こんなして座る時間はなかったですよ。沖縄では出汁を取るとき鰹節しか使わないから、とにかく鰹節が売れたんです」

放っておいても、鰹節は飛ぶように売れた。今でもお客さんに呼びかけずに店番をしているのはその名残りだろうか——そのことを尋ねると、文子さんは「たまに『どうぞ』と言うときもありますよ」と笑った。

「今思うと、冷凍さんまを売ってたときから『どうぞどうぞ』とは声をかけなかったですね。そ

鰹節セット出来ます。
TEL：869-2934（自[redacted]
定休日 第4日曜日

うやって接客しなくても知り合いのお客さんがいらっしゃるし、別のお客さんも取りたくないし。沖縄の人は下手なんでしょうね。このあたりのお店は昔から静かですよ。内地の市場をテレビで見ると、『どうぞどうぞ』って声をかけて、活気がありますよね。あれがほんとの商売人だねと思いますよ」

昔は飛ぶように売れていたが、スーパーマーケットが各地に増えると少しずつお客さんが少なくなった。観光客が増えるにつれて、土産物を売る店も増えたが、「大城文子鰹節店」で扱うのは鰹節と、あとは乾物とお茶だけ。それでも観光客が立ち止まり、商品を手に取ることがある。繊細な商品を手荒に扱うお客さんがいると、文子さんはぴしゃりと注意する。

「商売が繁盛することが一番の楽しみです」。一日の楽しみはと尋ねると、文子さんはそう答えてくれた。もう一つの楽しみは、帳場に置いたテレビを観ること。「テレビは一日つけてます。ドラマを観るのが好きで、名前は覚えきれないけど、好きなのはたくさんありますよ。自分が好きと思う番組があるときは、早く帰ることもある。一番楽しみにしているのは『半分、青い。』。あれが最高だね」

話を伺ったのは夏で、あの頃NHK連続テレビ小説として放送されていたのは『半分、青い。』だった。最終回が近づいていることを文子さんは寂しがっていたけれど、そのあとに始まった『まんぷく』もきっと楽しく観ているだろう。

照尚

店番のお供にいつも小説を

　市場の外小間には、お茶や薬草を扱う店が数多くある。お茶と食料品の店「てるや」、沖縄薬草専門の店「兼次商店」、健康食品専門「エデン」。こうしたお店に並んで、薬草の店「照尚《てるしょう》」がある。

「最初に薬草の店を始めたのは、うちの母なんです」。そう語るのは照屋尚美さんだ。「母はもともと、公設市場でお肉屋さんをやっていて。当時は今みたいにしっかりした建物じゃなくて、雨が降ると濡れるようなところで。お肉が濡れないように雨除けはあるけど、自分は濡れちゃうから、ほっかむりをして商売してたと言ってましたね」

　母・京子さんは昭和十年生まれ。十八歳の頃から第一牧志公設市場で働いていた。同じように市場の肉屋さんで働いていた照屋良三さんと出会い、結婚。夫婦で肉屋を切り盛りしていたところに、市場がある土地の所有権をめぐる問題が持ち上がり、第二牧志公設市場が建設される。京子さんと良三さん夫婦は第二牧志公設市場に移転したものの、子育てに専念するべく肉屋を妹に譲っている。

「肉屋を譲ったあと、父はお饅頭屋さんを始めたんです。すごい急な話に思えますけど、小さい頃にお菓子屋さんで修業していたこともあるらしくて、これを機にお饅頭屋さんを始めよう、と。そこは『寿まんじゅう』という屋号で、最初は蒸しパンや胚芽パンを作ってましたね。自宅が小禄にあるので、小禄で作って、市場に売りにくる。今この店がある場所の向かいで、親戚が『TSミート』という店をやっていて、その軒先で売らせてもらってました。だから私も、小さい頃からこの界隈で遊んでいたんです。私は昭和四十年生まれなので、小さい頃はまだ古い市場でした。昔はお米を売っている店もありましたし、鰹節を削る道具を売っている店もあって。高校生の頃までこのあたりで過ごしていたので、『エデン』の方は当時の私をおぼえてるとおっしゃってますね」

高校を卒業すると、沖縄を離れて上京する。「どんなところなのか行ってみたいという、ただそれだけ、興味があっただけです」と尚美さんは振り返る。しばらく東京で働いていたけれど、「まあまあ、これぐらいでいっか」という気持ちになり、二十七歳のときに沖縄に里帰り。その頃には、母・京子さんは現在の場所で薬草の店を始めていた。

「その頃はまだ『照尚』ではなくて、『照屋』という名前でやっていたんです。父から『店を手

CITY CYCLE
月桃
¥500
カキ
¥600
くわ茶
¥1700
クワンソウ
モロヘイヤ

オイアウエ漂流記 荻原浩
ホリデー・イン 坂木司
片眼の猿
あまからカルテット 柚木麻子

伝って欲しい』と言われていたこともあって、沖縄に帰ることに決めたんですよね。父が作ったお饅頭を『照屋』まで運んできて、そのままちょっと手伝ったり、日曜日は母の代わりに店番をしたり。その頃は薬草だけじゃなくて、そうやって饅頭やパンを並べたり、おからや豆腐を並べたりしてました。この界隈にはね、お惣菜を売ってる店も多かったんですよ。市場で働いている人や、三越百貨店で買い物をした人が、この界隈でお惣菜を買っていく。だから賞味期限の限られたものを並べていても売れ残ることがなかったんですけど、今は地元のお客さんが少なくなって、賞味期限の長い薬草だけを売るようになりました」

尚美さんが一緒に切り盛りするようになったことで、看板は「照屋」から「照尚」に書き換えられた。尚美さんの名前を加えたのは、いつか引き継いでくれると思っていたからだろう。

「でも、私が店を継ぎますと母に言ったわけではないんです」。尚美さんは笑いながら当時を振り返る。「薬草を売るからには、どれが何に効くか、勉強しなきゃいけないですよね。それで、最初のうちは母と交代交代で店に立ちながら、いろんな人に薬草のことを教わっていたんです。そうしているうちに、二〇〇九年に父が亡くなって。そのタイミングで母が私に『これからはあなたが店をやりなさい』と言うもんだから、それからはひとりで店をやるようになって。それから十年経ちました」

よく売れる商品はウコンだ。沖縄にはお酒が好きな人も多く、二日酔いの予防にとウコンを買い求めてゆく。尚美さんによれば、たくさんお酒を飲む前に飲んでも効果は薄く、日頃から飲んでおくことが大事なのだという。ウコン以外にも、ヨモギやオオバコ、琵琶にグァバ、月桃や銀杏など、乾燥させた植物の葉も取り揃えている。

「昔の沖縄の家というのは、敷地内にビワの樹やグァバの樹があったみたいなんです。ちょっと頭が痛いとき、今だとバファリンとかを飲みますけど、昔はイシギクの葉を煎じてお茶に入れて、『はい、飲みなさい』と出されてたんです。私が小さいときも、ヨモギを煎じたものを飲まされたり、トウモロコシのひげを煎じて飲まされたり、そういう民間療法みたいなのは多かったですね。昔の人って、薬じゃなくてこんなので治してたんだと思いますけど、最近はグァバの樹が庭にある家というのも少なくなってますし、近くに樹が茂っていたとしても、排気ガスで汚れてるんじゃないかと心配になりますよね。そういうこともあって、昔に比べると店で買う人が増えて、需要が増えてるのかもしれないですね」

ここ数年、平和通りやむつみ橋通りにはドラッグストアが増えている。尚美さんの話を聞いているうちに、そうした風景でさえも、昔の名残りであるように思えてくる。

薬草の店は、食品を販売する店に比べると、お客さんがやってくる時間が読みづらいところもある。お客さんを待つあいだ、公設市場の店主達はそれぞれの方法で時間を過ごしている。テレビを眺めている人もいれば、近隣の店主とおしゃべりしている人もいる。何をするでもなく、ただ座って過ごす人もたくさんいる。そんな風景の中で、尚美さんは読書をして過ごしている。読書をしている姿というのは珍しく、それもあって尚美さんに話を聞きたいと思ったのだった。

「お客さんを待っているあいだ、さすがに寝るわけにもいかないので、大体読書してますね。ここに座って風景を眺めているだけでも面白いんですけど、小説が好きで、お客さんがいないときは読んでます。もちろん自分で買うこともありますけど、お友達が『これ、面白かったよ』と持ってきてくれるんですよ。好きなのは伊坂幸太郎さんや恩田陸さんですね。あと、最近読んで面白かったのは、荻原浩さんの『オイアウエ漂流記』。飛行機が無人島に不時着して、そこで繰り広げられる人間模様が描かれていて。でも、怖い話じゃなくて、ちょっと笑ってしまうようなところもある。そういう小説が好きですね。ここに座って本を読んでいて、思わず涙が出るときもあるんですよ。そういうときは『ああ、この本を読むのは今じゃなかった、家に帰って読めばよかった』と思うときもありますけど、ここに座りながらも、結構集中して読んでるんでしょうね」

その話を伺ってからというもの、読書に没頭する尚美さんの姿を写そうと、カメラを手に「照尚」の前を何度となく歩いている。商売人の娘として生まれ育ったからか、それともセンサーが身についているのか、僕が店の前を通りかかると尚美さんは顔を上げ、「ああ、こんにちは」とにこやかに挨拶してくれる。本に没頭する姿は、まだ撮影できていない。

ウタキヌメー

移転を機に大きな決断

第一牧志公設市場には、かまぼこ屋さんが数軒ある。どうしてこんなにかまぼこ屋さんがあるのだろう?——その疑問は旧盆のときに解明された。沖縄では旧盆は一大行事だ。各家庭で重箱を作り、ご先祖様をお迎えする。祝いごとや、法事ごとの重箱に欠かせない食材の一つがかまぼこなのである。

「私が働き始めた頃はね、今の十倍以上は売れてましたよ」。「ウタキヌメー」の上原節子さんはそう振り返る。「今だから言うけど、旧盆のときはね、一ヶ月前から準備を始めて冷凍しておくわけ。そうしないと追いつかなかったのよ。販売するのにも、ものすごい人だかりで、こっちが四、五名いても足りないぐらい。沖縄の人は並ばんから、あっちこっちから『自分が先よ!』と言われて、大変だったね。それに比べると、今は微々たるもんよ」

節子さんは一九四六年、久米島に生まれた。久米島は那覇から九〇キロほど離れているが、小さい頃から那覇を訪れる機会は少なくなかった。

「姉が豊見城《とみぐすく》に嫁いでいたものだから、小学生の頃は、夏休みになるとひとりで船に乗って那覇にきてましたよ。自分で行きたいと言ったのか、父親に行かしてもらってたのかは記憶にないけど、甘やかされていたんだと思う。あのときはね、豚も一緒に船に乗ってました。ブローカーの人が久米島で豚を買って、船に乗せて本島に行くわけ。自分達はそれが普通だけど、結婚した当時、うちの主人はそれを見て驚いてたね」

節子さんが結婚したのは、上原堅一さん。堅一さんは糸満出身で、かまぼこ屋を創業したのは堅一さんのご両親だ。

「最初は家内工業じゃないけど、おうちでかまぼこを作って、軒先でそれを売っていたわけ。そのおうちというのが、御嶽《うたき》の前にあったのよ。御嶽というのは、集落の人がお祈りをする拝所のことね。御嶽の前《メー》にあるから、『ウタキヌメー』って名前になったみたいね。どうしてかまぼこ屋を始めたのかわからないけど、あの頃のかまぼこ屋はものすごく儲りよったらしいよ」

しばらく糸満で店を営んでいたが、堅一さんのご両親は終戦後に那覇へ移り、公設市場でかまぼこ屋さんを再開する。節子さんは二十二歳で堅一さんと結婚し、店を手伝うようになった。

「自分がきた頃は従業員も二、三名いたけど、人手が足りないから自分も手伝ってね。ここから五〇メートルくらい離れた場所に工場があって、そこでかまぼこを作るわけ。朝の三時ぐらいか

かまぼこ
ウタキヌメ
食堂街
入口
民芸店・衣料直し・リサイクル
TULIP
SPAM
チューリップ
¥270
SPAM
¥350
SPAM(減塩)
¥350

ら工場でかまぼこを作り始めて、できあがったものを市場に運んできて店に並べる。とにかく忙しくて、子供ができたとわかってからも働いてたよ。陣痛がきても午前中は仕事をして、午後は休んで病院へ行く。産んだあとは一ヶ月産休を取ったけど、その期間も朝だけは仕事をしてたね。あの頃の嫁としては、義理の親のことが畏れ多いわけよ。こっちは田舎から出てきていることもあって、認められたいっていう一心でね」

かまぼこは飛ぶように売れていた。お祝いごとがあれば、紅白のかまぼこが振舞われる。他の地域だと「紅」色のかまぼこはピンクだが、沖縄本島では真っ赤な色をしている。また、魚のすり身と一緒に卵を練りこんだ「カステラかまぼこ」もお祝いごとに欠かせない存在だ。お祝いごとだけでなく、かまぼこは日常的に食卓にのぼる。沖縄のかまぼこは蒸すだけではなく揚げてあり、さつま揚げのルーツとも言われている。「かまぼこを入れないと味が出ないから、いろんな料理に使われてましたよ」と節子さんが教えてくれたように、汁物にも炒め物にも、かまぼこは欠かせない食材だったのだ。

忙しく働いているあいだ、気がかりだったのは子供のこと。仕事は早朝から始まり、日が暮れるまで市場でかまぼこを売る。夫婦が交代で子守をしていたけれど、それでも世話をできる時間は限られていた。

「子供達に可哀想なことをしたなと、今でも思うことがあるわけ。一番大きいのは、お弁当。幼稚園の頃に、週に一回はお弁当の日があったんだけど、手作りする時間がなくて、市販のおかずを買ってきて持たせてた。あれが一番申し訳なかったね。でも皆、良い子に育ってくれて、それだけが救いだね」

かまぼこ屋さんの仕事は重労働だ。魚のすり身を大量に抱えて鍋に入れ、できあがった熱々のかまぼこを取り出す。その繰り返しが祟り、節子さんは三年前に腰を痛めてしまった。病院へ行くと脊柱管狭窄症と診断され、手術を受けた。かまぼこ屋さんを続けるのは難しく、現在は土産物を並べて売っている。

「手術をしたときは六十代だったから、引退するにはまだ早いかなと思って、土産物を売る店に変えたんです。売れても売れなくても、お客さんや隣近所と会話するだけでも楽しいからね。でも、建て替えになるタイミングでもう辞めます。今の市場が取り壊されて、三年間は仮設市場で営業して、二〇二二年に新しい市場が完成するというんだけど、その頃にはもう七十六歳になってるわけ。今の市場を壊したら、私はもう引退。来年からどうしようかなということを、今のうちから考えてる。趣味でもあればいいけど、杖をついて三本足になってるから、ちょっと気が重くなるね」

節子さんの楽しみは、テレビを観ること。「ウタキヌメー」の帳場にはテレビが置かれていて、隣近所の店主達と一緒にテレビを眺めることもある。

「よく観るのは、スポーツ中継だね。自分はスポーツできないけど、観るのは好き。野球も観るし、相撲も観るし、ルールはあんまりわからんけどサッカーも観る。今のテレビは若者向けが多いけど、スポーツ中継とドラマは面白いね。琉球朝日放送で、午前と午後にサスペンスがあるさ。あれを観るのが楽しみ。一番好きなのは『科捜研の女』だね」

公設市場を歩くとき、話を聞かせてもらったお店には挨拶するようにしている。ある日、「ウタキヌメー」の前を通りかかると、節子さんはテレビに見入っていた。それはちょうどサスペンスドラマが放送されている時間帯だった。挨拶はあとですることにして、邪魔をしないよう黙って通り過ぎる。

平成生まれの三代目

平田漬物店

正午を過ぎると、市場で働く人達もお昼時を迎える。「平田漬物店」の前を通りかかると、玉城文也さんが身を小さくしながら帳場でお昼ごはんを食べているところだ。

「この時間は二階の食堂が忙しくなるから、一階はちょっと暇なんです」。文也さんはそう教えてくれた。「でも、いつお客さんがいらっしゃるかわからないんで、いつもここで食べてますね。今日は二階の『がんじゅう堂』ってお店の味噌汁です。沖縄の味噌汁は具だくさんで、お肉ももやしも豆腐も入っていて、どんぶり一杯ぐらいあるんです。これだけでおかずになっちゃうぐらいなんですよね。スピード勝負で、急いで食べなきゃいけないんですけど、やっぱり昼飯が一番の楽しみですね」

あっという間に食事を終えると、文也さんは仕事に戻り、通りかかった観光客に漬物を勧める。にこやかに声をかけて、島らっきょうを箸でつまみ、ひょいっと手のひらに渡して試食させる。立ち止まったお客さんには、次から次へといろんな漬物を出す。味の異なる漬物をつまむ前に、容器の縁に箸を打ちつける。そのたびに小気味いい音が響く。その箸さばきに見惚れる。

「お店の手伝いは、小さい頃から当たり前のようにやってましたね。やっていたというか、やらされてたというか（笑）。『お客さんに挨拶しなさい』と言われたり、店の片づけを手伝ったり、商品をパックに詰めたり。スクガラスを瓶に詰めるのも、別に適当に入れてもいいんでしょうけど、向きを揃えてびっしり綺麗に詰めるんです。見栄えで売上が変わるっていう商売人の考えがあったんでしょうね、小さい頃から『綺麗に並べたほうが売れるよ』と言われてましたね」

漬物店を始めたのは、文也さんの祖母・平田文子さん。昭和四年生まれの文子さんが漬物店を創業したのは、戦争が終わって間もない頃だという。

「おばあちゃんが始めた頃は、まだ青空市場と呼ばれていた時代ですね。このあたりはもともと闇市で、天井もないような市場だったんです。戦後すぐで、食べ物もそんなにない時代だったから、長く置いておけるものはないかということで漬物を売り始めたみたいです。沖縄にはもともと塩漬けの文化があって、豚バラ肉を塩漬けにしたスーチカーや、アイゴの稚魚・スクを塩漬けにしたスクガラスはずっと昔から食べられてるんです。その塩漬けの文化を参考にして、うちのおばあちゃんが島らっきょうを塩漬けにして売り始めたと聞いてますね」

文也さんは平成元年、四人兄弟の末っ子として生まれた。「平田漬物店」の三代目にあたる。小

平田漬物店
琉球漬
we accept credit cards
HIRATA PICKLES SHOP
TEL:098-861-0920
島らっきょう売ってます。
平田漬物店

さい頃から祖父母や両親の仕事ぶりを見て育ち、店も手伝っていたけれど、「いつか継ごう」と思っていたわけではなかった。父・鷹雄さんは「俺の代で終わらせる」と言っていたし、文也さん自身も一度沖縄を出てみたいという思いが強かった。スプレーアートからデザインに興味を抱き、高校を卒業すると福岡の専門学校に通い、卒業後は念願叶ってデザイナーとして働いていた。

ただ、沖縄を離れても、店のことは頭の片隅に残り続けていたという。

「デザインの仕事を選んだのは、『いつかはうちの店の商品パッケージを作れたらいいな』と思っていたこともあるんです。実際、福岡でデザイナーの仕事をしている頃に『お前、作れるか』と頼まれて、パソコンさえあればデータは送れるから、パッケージを作ったり、レジ袋を作ったり、お店のポロシャツを作ったりしてましたね」

「平田漬物店」で働く人は皆、文也さんがデザインしたポロシャツと前掛けを身にまとっている。文也さんの長兄・康鷹さんは公設市場で「ＷＡＺＯＫＵ .ｉｓｍ」という酒屋さんをやっていて、文也さんがデザインしたグッズはここで販売されている。福岡でデザイナーとして働いていた文也さんが帰郷することになったのは、父の鷹雄さんが体調を崩したことがきっかけだった。

「うちの兄ちゃん達も皆、一度は沖縄を離れてるんです。兄ちゃん達は先に沖縄に戻ってたんですけど、僕が二十七歳のときに父ちゃんが体調を崩してしまって、『店を続けるなら、兄弟全員でやったほうがいいんじゃないか』って話になったんです。そのとき、沖縄に戻るかどうか、正直ちょっと迷ったところもありました。でも、当時働いていたデザイン会社の社長と相談したら、『会社を立ち上げるのは簡単だけど、それを継続するのがいちばん大変なんだ』と話してくれて。『お前の実家は七十年近く続いているんだから、それは残したほうがいいんじゃないか』と背中を押してくれて、店を継ぐことに決めたんです」

小さい頃から手伝いをしていたこともあり、漬物店の仕事にはすぐ慣れた。「仕事をしないと食べていけないっていうことで叩き込まれてたので、全然苦になることはなかったですね」。文也さんはそう語る。父・鷹雄さんもすっかり元気になり、現在は親子二代で店を切り盛りしている。

「うちの父ちゃんはリーゼントで、CMにもちょこちょこ出てる名物おじさんなんです。だから、買い物にくるっていうより、おばあちゃんや父ちゃんに会いにくるお客さんは昔から多かったんですよね。市場は相対売りがメインだから、おしゃべりしながら商売する。今はスーパーが増えたから、昔ながらの相対売りは珍しくなったんで、それを楽しみに遊びにきてくれるお客さんも多いですよ。だからやっぱり、『お父さんのときはこうだったのに』と思わせないように、自分が見て育ったスタイルを受け継ぎながらやってます」

お客さんの反応は温かかった。「これからはあなたたち息子が頑張っていかないとね」と励ましてくれる人もいた。「家族全員商売人だから、おしゃべりが好きなんです」。文也さんはそう言って笑いながら、通りかかった観光客に「よかったら食べてみて」と漬物を差し出す。売りつけようとするのではなく、ごく自然に差し出されるせいか、観光客は手のひらを差し出して漬物を試食してゆく。

「今の時代、スーパーに行けばパックで漬物を売ってますけど、量り売りのほうがいいと言ってくれるお客さんもいますし、そこは昔ながらのスタイルを変えずにやっていきたいと思ってますね。昔ながらの対面売りで、お客さんとお話をして、気に入れば買っていただく。でも、接客業は紙一重だなと思います。お話をしたときにお客さんが気分を害してしまうと、もう来てもらえなくなる。だから言葉遣いには気をつけてますね。ただ、丁寧にすればいいってものでもないんですよね。ちょっとオラオラ系な感じで接客しても、それを『可愛いね』と言ってくれる方もいる。ひとりひとり反応が違うので、お客さんの様子を見ながら勉強してます」

昔ながらのスタイルを引き継ぎながらも、時代に合わせて変えるものもある。取り扱う漬物の種類は、昔に比べると大幅に増えている。

「たとえばゴーヤの漬物となると、昔は一本漬けしかなかったですけど、細かく刻んでキムチと漬けたり、いろいろ味付けを変えて出してます。これは時代とともに変わりましたね。らっきょうも、昔は塩漬けだけでしたけど、キムチ漬けや醤油漬けを出すようになりました。お客さんの要望で味を変えることも多いですよ。時代が変わったなと思うのは、食材ですね。ばあちゃんの頃は漬物だけじゃなくて、アサリの量り売りもやってたんです。親父の代になると台湾からの観光客がすごい増えて、塩漬けの鮭やたらこ、大根のべったら漬けがバカ売れした時代ですね。最近は皆が健康志向になってきた感じはします。漬物は一個食べると血圧が一気に上がるから、あんまり大量に買っていく人がいると『大丈夫なのかな』と少し心配になりますけどね」

平成生まれの文也さんは、市場ではかなり若い世代だ。市場には高齢の店主も多く、後継者がいなくて廃業する店も少なくない。

「昔は若い人がたくさん働いている市場だったと思うんですけど、今は『おじいちゃんやおばあちゃんが働いている市場』ってイメージになっているところもありますよね。同世代で働いている人もいますけど、やっぱり少なくて。うちのおばあちゃんが漬物店を始めて七十二年経つんですけど、三代目として、とりあえず百年までは続けるのが目標ですね。今はこの古い建物に魅力を感じて遊びにきてくれるお客さんも多いと思うんですけど、これからどうやって市場に魅力を持たせていくか——最近は若い人達が組合に入って、いろいろ動いているんです。昔のおじいちゃんおばあちゃんの思いは残したまま、まったく新しく、遊びに行きたくなる市場づくりをしていく。それが若者の仕事かなと思っています」

お父さんと一緒に接客する文也さんの姿を眺めながら、「平田漬物店」が百周年を迎える日のことを想像する。二十八年後には文也さんも還暦が近づき、ベテラン世代になっているはずだ。その頃の市場にはどんな時間が流れているだろう?

レモンの香りに誘われて

コーヒースタンド小嶺

十三番出入り口のそばに、小さなスタンドがある。「コーヒースタンド小嶺」だ。ターコイズブルーの壁も、ステンレス製のカウンターも、ぴかぴかに輝いている。お店は午後からの営業だが、店主の小嶺勇さんは毎朝七時には一度出勤し、隅々まで掃除をする。店を仕切る硝子はいつも透き通っている。

「親父が毎朝掃除してたから、自分もその跡を継いで掃除してるのよ。親父がやってなかったら、自分はやってなかったはずよ。今は市場全体を清掃する方がいるけど、それでも毎日きれいに拭いて、店の前も掃除するようにしてるわけ」

スタンドを始めたのは、勇さんの父・小嶺重秀さん。明治四十四年生まれの重秀さんが「コーヒースタンド小嶺」を創業したのは、終戦直後のことだ。

「親父が店を始めたのは、まだ公設市場ができる前で、最初は道端でジュースを売っていたみたいです。聞いた話だと、このあたりに同業者がたくさんいたみたいだね。あの頃って自動販売機もないし、スーパーもなかった時代だから、何軒あっても足りなかったんじゃないかね。それが一軒消え、二軒消えと少なくなったけど、うちは何とか続けてます」

勇さんは一九五四年生まれ。物心がついたときにはもう父はスタンドを始めていたけれど、幼いうちは父が何の仕事をやっているのか知らされずに育った。

「小さい頃に、一度聞いたことがあるわけ。親父はどんな仕事してるかって。朝起きるともう親父はいなくて、自分が寝るときにもまだ帰ってこないのよ。『親父はどんな顔してたかな』と思ったときもあるけど、何の仕事をしてるか教えてくれなかった。なぜかって言うと、こういう商売やっていると知ったら、友達を連れて遊びにきて、採算が取れなくなると思ったみたい。コーヒースタンドをやっているとわかったのは、中学に上がってからだね」

七人兄弟の四番目だったこともあり、店を継ぐとは考えていなかった。学生時代に勇さんがあこがれたのは車のデザイナーだ。日産のフェアレディを見て車好きになった勇さんは、工業高校の自動車科を卒業すると、東京のディーラーに就職する。

「本土へ行くとき、やっぱり身近なものを持っていくのよ。就職してからは寮生活だったんだけど、寮の子供に、学生の頃から当たり前に食べていたリグレーのガムなんかをあげるとすごい喜んでね。本土では手に入らないもんだから、後で寮のお母さんに『もっとないかと子供がねだる』

と請求されたりして。ポーク缶なんかも、今は本土でもざらに売ってるみたいだけど、あの当時は珍しかったわけ。同じ寮の人が食べてみたいと言うので一つ分けてあげたら、『沖縄の人はこんなおいしいのを食べてるのか』と感動してね。煙草にしてもウィスキーにしても、軍からの横流しというのかね、沖縄では外国製のが売られていたのよ。まともに買うよりすごく安いし、専売公社の国産の煙草より物はいいし、全然違ったわけ。そんな時代だったよ」

寮生活を送りながら自動車整備士として働いていた勇さんだったが、あるとき、仕事を辞めて沖縄に帰る決断をする。

「自分が働き始めた頃は自動車を整備するのは職人技で、エンジンのキャブレーターなんかも、こんな小さいネジもバラバラに分解して組みつけてたよ。でも、何年か働くうちにコンピューター化されて、誰でもできる仕事になって、エンジンも触れなくなった。クルマも大量生産の時代になって、新しく買い替えたほうが安くなってね。それでやる気をなくして、見切りをつけて沖縄に帰ったわけ。それが二十三歳くらいのことだね」

沖縄に帰郷した勇さんだったが、特に仕事のあてがあるわけではなかった。久しぶりの実家でのんびり過ごしていると、「お父さんのところへ行って、コップ洗うのでも手伝ってきなさい」と母に命じられ、公設市場に足を運んだ。働く父の姿を目にするのは、その日が初めてだった。

「学校に行く前に荷物を届けに行ったことはあるけど、店を開けてる時間に行くのは初めてだっ

120

たんだよね。当時の市場はものすごくお客さんが多くて、自分が手伝わないと、親父ひとりではとてもやっていけないんじゃないかと思ってね。それで親父と一緒に店をやるようになったんだけど、お客さんを相手にする仕事は初めてなわけさ。自分は棒立ちで、店でぼおっとして。これに我慢ができなくなって、『俺にはもう続けられないよ』と親父に伝えて、アルバイトを探したこともあったんだけど、あるとき幼馴染に言われたのよ。『今の仕事は地味かもしれないけど、君に向いてるよ』って。その言葉を聞いて、モヤモヤした気持ちが吹っ飛んでね。それから方向を掴んで、今日まで続けてこれました」

何より苦労したのは味つけだ。「コーヒースタンド小嶺」で提供するアイスコーヒーと冷やしレモンは、冷蔵庫ではなく、大きな容器に氷を入れて冷やしている。氷が溶けるにつれて味が薄くなるので、一日に何度も味を確かめる。「この味は匙で測るわけにもいかないから、こればっかりは難しかったね」と勇さんは振り返る。

「親父と一緒にやっていた頃は、軍から流れてきたコーヒーを使ってたわけ。あれは野戦用だったのかもしれないけど、水でもすぐ溶けて、香りもすごく良かった。冷やしレモンだと、アメリカ産のサンキスト。三十代になって、自分がひとりで店をやるようになってからもサンキストを使ってたんだけど、農薬が問題になったりしてね。何か良いアイディアはないかと考えていたときに、シークヮーサーを思いついたんだよね」

今では沖縄の特産品として知られるシークヮーサーだが、かつては見向きもされず、道に落ちていても誰も拾わなかったという。ただ、勇さんは何気なく口にしたシークヮーサーの実の香りに惹かれて、「これをジュースに使えないか」と研究を始めた。

「その当時はシークヮーサーにどんな栄養分があるかもわからずに、とにかく香りが良いってことでジュースにできないかと考え始めたのよ。すごい香りで、頭がすっからかんになる。ただ、商品化するにしても、どこで仕入れたらいいかもわからなくてね。家の庭で趣味程度に育てている人は多いけど、業務用となるとわからんわけさ。でも、たまたま新聞を読んだら、やんばるの大宜味村《おおぎみそん》のお祭りでシークヮーサーを振る舞うと書かれていて。すぐに村の役場に電話をすると、活性化センターという場所を教えてもらって——今で言う道の駅みたいなところだね——最初はそんなに大量には買えなくて、五〇キロだけ買ったのよ。『こんなにたくさん、何に使うの？』と不思議がられて、お土産にパイナップルまで持たされたのをおぼえてるね」

仕入れ先は確保したものの、すぐに商品にできたわけではなかった。一年中使えるようにと冷凍すると、実が真っ黒に焼けてしまう。果汁に絞って保存するにも、当時はまだペットボトルが普及していなかった時代だ。そもそもシークヮーサーを絞ることも容易ではなく、最初のうちはグレープフルーツ用のジューサーを利用していたが、しばらく使っているうちに壊れてしまう。改良に改良を重ね、今は特製のジューサーで絞っている。

「シークヮーサーが世間に知られるようになって、絞った果汁を売ってたりもするんだけど、小さなペットボトルで五〇〇円する。これではとても商売にならなくて、自分で絞ったやつを使ってる。シークヮーサーを使っているのに、何で名前は冷やしレモンのままなんだと聞かれることもあるけど、シークヮーサーって、正式にはヒラミレモンという名前なわけよ。だからあえて変えずに、冷やしレモンのまま出してますね」

何より驚かされるのは、「コーヒースタンド小嶺」で提供される飲み物が、どれも一杯一二〇円と格安なこと。十数年前は一杯一〇〇円だったけれど、仕入れ値が高騰したことで値上げを決断したのだという。それでも二〇円しか値上げしなかったのは、何十年と通ってくれるお客さんがいるからだ。

お客さんに飲み物を提供すると、勇さんは必ず「ゆっくりしていってね」と言葉を添える。この言葉もまた、父から引き継いだものだ。

「一緒に働いているうちに、やっぱり親父の癖が移るのよ。親父はもう二十年前に亡くなったけど、すごく丁寧に接客していて、いつもお客さんに『ゆっくりしてってね』と声をかけていて。その姿が印象に残ってるから、今も必ず『ゆっくりしていってね』と言うようにしてますね」

店の前には長椅子が置かれている。お客さんがくつろいで過ごせるようにと、勇さんが置いたものだ。買い物帰りに立ち寄ったお客さん達は、大事そうに冷やしレモンを飲んで帰途につく。

II

スペシャルティの味わい

ザ・コーヒー・スタンド

市場界隈には路地が張り巡らされている。第一牧志公設市場を南側に出ると、とりわけ細い路地がある。人がすれ違うのもやっとという細さだが、ここで鮮魚店で働く人達が一服する姿を時折見かける。

ある日、この路地を歩いていると、アイスコーヒーの入ったプラカップを手に歩く男性の姿を見かけた。アイスコーヒーを持ち歩く人の姿なんて、今ではありふれた風景の一つではあるのだが、その男性は黒いエプロンをかけていた。彼の名前は上原司さん。公設市場の真向かいで「ザ・コーヒー・スタンド」というコーヒー屋さんを営んでおり、注文があればそうして出前も承っているのだという。

「このあたりはひとりで小さなお店を切り盛りされてる方が多いので、配達の文化があるんですよ。食事やドリンクを配達してもらうのは昔から定番みたいで、うち以外にもコーヒー屋さんは何軒かありますけど、ほとんどのお店が配達をされてますね。ただ、僕の店はそんなに配達が多いほうじゃないんですよ。うちは価格帯がちょっと上になることもあって、比較的手頃な値段のお店のほうが配達頻度は高いと思います」

界隈にはコーヒー屋さんが何軒もあるけれど、「ザ・コーヒー・スタンド」はスペシャルティコーヒーを提供する数少ないお店だ。メニューを眺めると、エスプレッソ、アメリカーノ、フィルター・コーヒー、カフェ・ラテなどが並んでいる。特徴は豆が選べること。A、B、Cと値段の異なる豆が用意されていて、この日であればAクラスの豆は〝エチオピア イルガチェフェ地区コンガ農協〟と〝ケニア ウテウジジンボ エンブ〟の二つが用意されている。豆の名前の下には、その豆がどんな味なのか書き添えられている。

「たとえば『ブラジル産のコーヒー豆を一〇〇パーセント使用しています』と言っても、それはお米で言うと『国産米を使用してます』というのに近いんですね。ブラジル全土から集められた豆が流通しているので、ブラジル産と言ってもかなり幅があるんです。うちで扱うコーヒーはシングル・オリジンといって、『新潟県の魚沼市の何丁目で、誰々さんが作っているコシヒカリ』といった具合に、豆を作っている地域を狭めて、良いものを作っている農家の豆を扱っているので、どうしても他のお店より割高になってしまうんです。ただ、せっかくこだわりの豆を使っているので、豆の個性を楽しんでもらえたらと、ブレンドしないスタイルで営業してます」

豆のセレクトにこだわり、仕入れた豆も丁寧に一粒一粒手で選別して、品質に問題のある欠点豆を取り除く。しっかり時間をかけてコーヒーを提供しているけれど、「そのこだわりはほとんど理解されていないのが現状です」と上原さんは苦笑する。「でも、質の良いコーヒーがあると認知してもらえたら僕としてもやりがいがありますし、『ちょっと割高だけど、その価値があるよね』と納得してもらえると嬉しいです。コーヒー豆の値段って、生産国の貧困問題とも関わってくるんですよ。消費者が納得してお金を払うことで、きちんとサイクルが完結する。僕の店なんて世界的に考えれば微々たるものですけど、ちょっとでも美味しいコーヒーを好んで飲む人が増えたり、そこから『自分もコーヒー屋さんをやりたい』と思う人が出てきたりすれば、そのスピードに拍車がかかると思うんですよね」

そう語る上原さん自身は、何がきっかけでコーヒーに惹かれるようになったのだろう。きっとどこかで美味しいコーヒーを飲んで、コーヒー屋さんを目指したのだろう――そう思い込んでいたけれど、「いや、僕はコーヒー好きが高じてコーヒー屋になった人間ではないんです」と上原さんは振り返る。

「最初のきっかけは、『なんでこんなに苦くてまずいものに皆はお金を払ってるんだろう？』と思ったことですね。これにお金を払うんだったら、もっと美味しいコーヒーを作れば儲かるんじゃないかと調べるうちに〝スペシャルティ〟という言葉を知りました。当時はまだ出始めでしたけ

ど、スペシャルティと呼ばれる豆を使ってみると、やっぱり味が違う。そこから豆の焙煎やコーヒーの淹れ方、レシピに至るまで、ひとりで試行錯誤したんです。僕はコーヒー屋さんに勤めたことは一切ないので、全部独学で、何が正解で何が不正解なのかわからないまま続けてます。好きが高じてコーヒー屋になってたら、もう満足して店を辞めちゃってたかもしれないですね」

上原さんは一九七二年、那覇市小禄で生まれた。コーヒー屋を始めたのは二十代の頃だ。最初はキッチンカーで移動販売をしていたけれど、経営が軌道に乗り、小禄で「デザイン・エスプレッソ・コーヒー」を開店したのは二〇〇一年のこと。お店は繁盛したが、沖縄は車社会である上に、路面店だったこともあり、車で来店するお客さんが圧倒的に多かった。経営は安定していたけれど、上原さんは次第に物足りなさを感じるようになった。せっかくコーヒー屋をやるのであれば、香りに釣られてお客さんが立ち寄ってくれる場所にお店を構えてみたい——と。

そこまで語り終えたところで、上原さんは照れくさそうに話を中断した。「こうやって話しているると、すごく一貫した人生を送っているみたいになっちゃいますけど、当時はそこまで明確な理由があったわけじゃないんです」と付け加える。

「小さい頃から今に至るまで、仕事ってことについて考えたことがないんですよ。今やっていることも、職業としてやっている意識もあんまりないですね。なんとか食べることができて、家族を養っていければそれでいいんです。別に楽天家でもないですけど、先のことを考え過ぎると良くないと思うんですよ。自分の人生はこうだと決め過ぎちゃうと、別の可能性もあるかもしれないのに、決めたレール以外の方向に行きそうになると脱線しているように錯覚しちゃう。僕はコーヒー屋ですけど、今から何にでも転職できると思ってるんですよ。ただ、せっかく自分が今までやってきたものがあるから、全然別の世界に行くよりは、経験を土台にやっていけたら嬉しいけどね」

寒い地域だと、暖房代が払えないと大変でしょうけど、沖縄は外で寝てても冬を越せますからね。上原さんはそう笑うけれど、自身は働き者だ。「ザ・コーヒー・スタンド」では、注文を受けてからコーヒーを淹れる。わずか二・三坪ほどの店だが、カップや道具が機能的に配置されている。定休日は元日だけ。そんなに働いて倒れないのかと友人に心配されることもあるけれど、「別に上司がいるわけでもないんで、嫌なストレスはないんですよ」と上原さんは言う。

「ここで店をやっていると、通りすがりの観光の方が多くて、最近は韓国と台湾の方が多いですね。韓国と台湾はコーヒー熱がすごくて、コーヒーが好きな方やコーヒーを仕事にされている方がここを目指してやってきてくれて、淹れ方や焙煎の方法を細かく質問されるんです。言葉はわからなくても、何の質問をされているのかは大体わかるので、中学校一年レベルの英語で説明してます」

現在、「ザ・コーヒー・スタンド」は上原さんがひとりで切り盛りしている。かつて「デザイン・エスプレッソ・コーヒー」を営んでいた頃は、従業員を雇っていて、電卓と帳簿を睨みつつ、マーケティング戦略を練っていた。コーヒー屋を目指したはずが、いつのまにか経営者になっていた。それに気づかされたことも、現在の場所に移転を決めた理由の一つだ。

「この市場は自然発生的に生まれたもので、それが今も続いている場所だと思うんです。綺麗に整備された公園というわけではないけれど、砂漠というほど荒れているわけでもなく、雑草地帯が開発されずに残っている感覚ですね。もちろん僕自身はここが気に入ったから店をやってるんですけど、あまり美化もしていないんですよ。この界隈で昔から続いているお店は、ちょっとどんぶり勘定なところもあるけれど、素朴で面白い部分もある。商売の原点を見つめ直すには良い場所じゃないかと思ってます」

話を伺っていると電話が鳴った。配達の注文だ。上原さんは狭いスペースできびきびとコーヒーを淹れると、すぐに配達に出かけてゆく。

市場の古本屋ウララ

「ひまつぶし」の境地で

「ザ・コーヒー・スタンド」の上原司さんがよく配達に訪れる店がいくつかある。その一つが「市場の古本屋ウララ」だ。わずか三畳程のお店に、ぎっしり本が並んでいる。その多くは沖縄に関する書籍だ。

「沖縄本とそれ以外の本の在庫の比率はずっと同じで、日によっては売り上げの九割が沖縄本の日もあるんです」。店主の宇田智子さんはそう語る。「観光客の方だと、普通の本を買おうとしても『いや、ここで買う必要ないよね』と選び直して、沖縄本を買っていく人もいます。そもそも沖縄本というジャンルがあること自体、ほとんどの人が知らないと思うんですけど、たまたま通りかかって『沖縄の本ばっかり！』と驚く人も多いですね」

沖縄本とは、沖縄をテーマにした本である。沖縄の出版社に限らず、県外、さらには海外の出版社からも沖縄本が刊行されている。旅の記念にと、観光客がお土産のように沖縄本を買っていくこともある。手頃な価格の沖縄ガイドもあれば、琉球舞踊や沖縄空手、民間信仰や年中行事をテーマとした、ずっしり重厚な本もある。そういった沖縄本は沖縄文化を研究するための専門書だとばかり思っていたけれど、地元のお客さんにとってはあくまで実用書なのだという。

「沖縄本は、もちろん研究書として作られている本もたくさんありますけど、それを読む人にとっては実用書に近いんです。祭祀や信仰について書かれた本も『どうやってお参りをすればいいのか？』を知るための実用書で、郷土史というのも自分のルーツを知るための実用書になる。かなり専門的な本でも、それを探しにやってきたというわけではなくて、偶然通りかかったお客さんに『これ、いくらなの？』と聞かれることがあるんです。それが五千円だったとしても、『ああ、じゃあ買うわ』と買われていく。料理の本や行事の本は、高くても必要だから買う。沖縄では小説が売れないと言われてるんですけど、本で娯楽を得たいという人は比較的少なくて、那覇の書店のベストセラーも沖縄本とダイエット本がほとんどを占めてますね」

沖縄には年中行事が多く、行事ごとに準備する料理が決められている。重箱にどう詰めるかにも決まりがあり、その作法を知るためにも沖縄本は必要不可欠な存在だ。市場に買い物にきた地元客が「市場の古本屋ウララ」を通りかかり、問い合わせをしていくこともある。

「新刊書店で問い合わせをするときって、それなりに身構えると思うんです。店員さんも忙しそうだし、ある程度情報をはっきりさせて『この本を探してます』と聞く人が多い気がするんです。

おきなわの一年

沖縄文学全集

でも、ここだと、通りかかった瞬間に『そういえば、あの本！』といきなり思い出して聞いてくる人が多いですね。もちろんはっきりと探している本がある方もいらっしゃいますけど、別の用事で市場にやってきて、本屋というものが見えた瞬間に『そういえばあの本が欲しかったんだ』と思い出して問い合わせをされる人が多いのかもしれません」

市場界隈には日用品を扱う店が数多くあるが、沖縄では本も日用品なのだ。ただ、そうやってお客さんから問い合わせがあれば答えるけれど、宇田さんは自分からお客さんに声をかけないように気をつけているという。

「市場にある古本屋なんだから、こちらから本を勧めないといけないんじゃないかって、最初はもう少し気負っていたんです。さすがに道ゆく人をつかまえることはなかったですけど、お客さんが本を読んでいるときに、それが私も気になる本であればちょっと声をかけたりして。でも、そうするとお客さんが戸惑ってることが多くて、自分からは声をかけないほうがいいなと思うようになりました。会計のときに『この本を買ってくれるんだ！』と思っても、自分からは言わないようにしてます。そもそもこの店は、私が好きな本だけを置いているわけではなくて、ここでこの本を必要とする人がいるんじゃないかと思って並べているんです。そこで私も思い入れがある本を買ってくれるのが良いお客さんというわけでもないですし、買ってくれる人は皆良いお客さんなので、そこで私が区別するのはちょっと違う気がしたんですよね」

宇田さんは神奈川県生まれ。大学では文学部に進み、日本近代文学を専攻した。卒業後はジュンク堂書店に就職し、池袋本店で人文書を担当。そこで沖縄県産本フェアを組んだことをきっかけに沖縄本の存在を知り、ジュンク堂書店那覇店のオープンに合わせて異動を願い出て、二〇〇九年、沖縄に移住。そこで沖縄本コーナーを担当したのち、二〇一一年、ご夫婦で営業されていた古本屋「とくふく堂」を引き継ぎ「市場の古本屋ウララ」を開店——こうして来歴を書き出してみるととても一貫した人生に思えるけれど、「全然そんなことはないんです」と宇田さんは否定する。

「周りに本しかなかったから、小さい頃から読書はしてました。でも、自分が好きな本の魅力を伝えるために書店員になったわけではなくて。私にはできることが少なかったし興味を持つことも少なかったけど、その中でどうにか書店員になれただけなんです。自分で店を始めたときに『夢が叶ってよかったね』と言われることもありましたけど、自分の店を持つことが夢だったわけでもありませんでした。たまたま『とくふく堂』が店を継ぐ人を探していたから私がやることにしたんですけど、こんな本屋があったら街が素敵になるとか、そういう気持ちは何もないんですよ。沖縄本が好きでしょうがないということでもなくて——もちろん面白いし興味はあるんですけど——〝好き〟って言葉ではないんです。この場所にこういうお店があれば役に立つこともあるかなと思ってやっているので、本屋さんが好きで、それで自分もやりたいと思ったというのとはなにか違うんです」

宇田さんはお店で過ごす時間のことを「ひまつぶし」と形容する。その「ひまつぶし」という言葉に、ここに流れる時間が凝縮されているように感じた。

会社勤めをしていた頃を振り返って、「家を出るのが億劫だった」と宇田さんは語る。もちろん仕事を通じて魅力的な本や人に出会うことはできたし、働いている時間は楽しかったものの、毎日決まった時間に通勤するのは億劫だったという。

「大学生の頃は、ずっと家にいたいと思っていたんです。自分は文学部の学生としての能力もないし、かといって社会に役立つ能力もないし、ほんとに目の前が真っ暗で何もできない時期があったんです。その頃はずっと家の中にいたいと思ってましたけど、ずっと家にいても駄目なんですよね。これは昔からそうなんですけど、休みの日に予定がなくて家にいると、夕方になると急に『このままじゃ駄目だ』という気持ちになって、あてもなく外に出ることは多くて。会社を辞めるときには古本屋をやると決めていたので、やることは一杯あったんですけど、たまにぽっかり二、三日予定がなくなると急に不安になって、ワーッて叫びたい感じになっていたんです。でも、こうして店を始めてみると、とりあえず気が紛れる。時間をつぶすには仕事っていいなと思ったし、店を開けていることは精神衛生上大事なんです」

数十年前の市場界隈は、地元の買い物客でごった返しており、のんびりする時間などなかっただろう。でも、観光客が増えた今では、土産物屋さんをのぞけば、比較的ゆったり過ごしている店主が多いはずだ。「家にいても退屈だから」。昔の賑わいが消えた今でもお店を続ける理由を尋ねると、そう答える店主は何人もいた。

エッセイストとしても知られる宇田さんは、店番をしながら原稿を書いて過ごすことも多々ある。もし執筆に専念するとしても、家で物書きだけをして過ごすのには耐えられそうにないという。宇田さんは帳場に座り、そこで目にした風景を書き記す。

二〇一九年七月には第一牧志公設市場の建て替え工事が始まる予定だ。そうなれば「市場の古本屋ウララ」の前に広がる風景も変わってくるだろう。何より影響が大きいのはアーケードが撤去されること。アーケードは、「市場の古本屋ウララ」が入居する水上店舗と呼ばれる建物と市場とのあいだに架けられており、市場を建て替えるにあたり、撤去される方向で話が進められている。

「アーケードがなくなってしまうと、陽射しが直接入ってくるので、本は傷みますよね。あと、急に雨が降ってきたときに、前に出している本棚を全部片づけるのは不可能で、もしも廂をもっと長くしたとしても一部の本は濡れますよね。そうなるとレイアウトをもっと考えないといけなくなるんですけど、そんなにスペースがあるわけでもないので、難しいですね」

「市場の古本屋ウララ」に限らず、アーケードの撤去は界隈のお店にとって重大な問題である。

アーケードの再整備に向けた協議は今も重ねられており、「すごく大変ですけど、なんとかやりきりたい」と宇田さんは語る。ただ、どんなに大変だとしても、今の段階では移転するつもりはないのだと言う。

「市場が一度なくなって同じ場所に建て替えることは、滅多にないことだと思うんです。もちろん大変なことも多いと思いますけど、できたらやっぱり、見届けたい。他の場所に移転してまた新しい店を始めるのも面白いだろうけど、今の時点ではここから見ているのが面白いんじゃないかと漠然と思っていて。それは別に、何か使命感があるわけでもなければ、それを私が記録することで後世の役に立つと思っているわけでもないんですけど、見てたら面白いんじゃないかと思うんです。それもやっぱり、ひまつぶしですね。せっかく今ここに居場所を作って、その目の前で何かが起こるのであれば、ついでだし見ておくかっていう気持ちでいます」

美容部でキープボトルを
玉城化粧品店

那覇の公設市場と言えば、食材が並ぶ第一牧志公設市場が有名だが、公設市場には雑貨部と衣料部も存在する。名前の通り、雑貨部は日用品が扱われてきた市場であり、靴や鞄、扇子やホウキなど、さまざまな商品を扱うお店が並んでいた。中でも多いのは、化粧品を扱うお店だ。

雑貨部にある「玉城化粧品店」を通りかかると、リクライニングチェアに女性が寝そべっているのが見えた。表には「エステ（顔マッサージ）￥1000」と貼り紙がある。

「うちは化粧品の販売だけじゃなくて、お客様にエステもさせていただいているんです」。そう話してくれたのは玉城ケイ子さんだ。「今日はちょっと寒いから、お客さんが少ないですけど、多い日は一日に二十二、三名いらっしゃいます。一〇〇〇円コースだと二十分から三十分ほど、それにパックをプラスすると四十分くらいかかります。エステをしているあいだ、お客様とおしゃべりすることもありますけど、お疲れになってゆっくりしたいと思っていらっしゃるお客様が多いので、パックをプラスしてゆっくり休憩されていきますね」

棚には無数の化粧品が並んでいる。よく見ると、そこには名前が書き記されている。エステを受けるお客さんが、自分用の化粧品をキープしているのだ。ケイ子さんはこのみち四十六年のベテラン美容部員とあって、常連客も大勢いる。ただ、ケイ子さんは小さい頃から化粧品に興味があったわけではなく、学生の頃は「早く高校を卒業して外に出たい」と思っていたのだと語る。

ケイ子さんは一九五五年、首里に生まれた。首里と言えば、戦争で破壊された首里城も一九九二年に復元され、城に続く石畳道も補修されている。でも、ケイ子さんが生まれた頃は畑も多く、両親も農家を営んでいた。

「実家があるのは首里金城町というところで、当時はほとんど畑だったんですよね。私は九名兄弟の四番目で、小さい頃から四六時中手伝いをしてました。その時期ごとの野菜を育てて、収穫した野菜を朝早くから農連市場に出荷する。今は首里で農業をやっている方はほとんどいないと思いますけど、あの頃はたくさんいらっしゃったんです。うちの畑のすぐ近くに道路があって、知らない人が通ると子供ながらに恥ずかしくて、背中を向けて手伝いをしてました。それもあって、早く高校を卒業して外に出たいと思っていたんです」

高校卒業後、ケイ子さんは集団就職で沖縄を離れる。斡旋された職場は名古屋にある化粧品を扱う会社だった。

エステ・
マッサージ
1,000円～
生堂
玉城
BENEFIQUE
BENEFIQUE
おすすめ！
日やけ止めの
天才!!

資生堂玉城

「それまで化粧品に興味があったわけでもなかったんですけど、何も考えず、友達と一緒に『ここにしよう』と申し込みました。でも、美容部員さんに対するあこがれはあって、高校時代にバス停で美容部員さんをお見受けしたことがあるんです。その頃の美容部員さんはとにかくきれいで、スタイルが良くて、あこがれでした。会社に入ると、デパートやスーパーマーケットで化粧品のプロモーションをする仕事を任されて、そこで一から学んだという感じですね。その頃はもう、寮と会社とデパートを行ったり来たりするだけの生活でした。今だったらもう少し楽しめたのかもしれませんけど、スマートフォンもない時代ですから、右も左もわからなくて、どこかに遊びに行くということもなかったんです。それに、沖縄と違って秋になるともう寒いから、あんまり長続きしませんでしたね」

ケイ子さんは一年ほどで沖縄に引き返す。そこで親戚に紹介されたのが、牧志公設市場雑貨部にある化粧品店だった。

「私が働き始めた当時は、雑貨部の中でお店を持っている方が六十名くらいいましたけど、四十軒くらいは化粧品店だったんじゃないかと思います。アルビオンからマックスファクターから、全部の化粧品が揃っていて、沖縄じゅうから雑貨部に買い物にいらしてました。その中に、資生堂を扱う『太田化粧品店』という店がありまして、そこで働いていた方が産休を取るということで、三ヶ月限定で私が入ることになったんです。『太田化粧品店』のオーナーは太田依子さんという方で、すごくやり手の奥様で、雑貨部の中でもトップクラスの実績を持っていらしたんです。その方にお客様に対する接し方を叩き込まれましたね」

当初は三ヶ月限定の予定だったけれど、太田依子さんに気に入ってもらえたのか、期間を過ぎても働かせてもらえることになった。その時代の雑貨部は今のように立派な建物ではなく、簡素な建物だったという。

「その当時から、お客様にお手入れのサービスはやっていたんです。化粧品を買うとなると、一式まるごと購入してくださるお客様が多かったものですから、買ってくださった方には無料のサービスとしてお肌のお手入れをしてました。ただ、今みたいに舗装されてなくて、土の上に椅子を置いているような状態でしたから、お手入れをしていると椅子がガタンと揺れるような状態でしたね」

ケイ子さんは三人の子宝に恵まれ、子供を育てながら「太田化粧品店」で働いてきた。お店を継ぐことになったのは、四十歳を迎えたときのことだ。

「奥様は昔から『七十歳になったら店を辞める』と言っていたんですけど、私に継がせたいと言ってくださったものですから、平成七年に私が引き継ぐ形で『玉城化粧品店』を始めたんです。そのおかげで、今も資生堂の商品を扱う店として営業してます。ただ、平成に入った頃から、雑貨部に足を運んでくださるお客様が減ってきて、一軒、また一軒と閉店するところが出てきてるんです。そうやって空き小間が増えてきたので、そこをうちが借りて、リクライニングチェアを並べてエステのサービスをするようになりました。最初は二脚で始めたんですけど、空き小間が出るたびに増やして、今は五脚あります。奥様がされていた頃は、お手入れはサービスでやっていたんですけど、私が引き継いでからは有料にして。ただ、いきなり有料にするとお客様が離れてしまうので、商品を買ってくださって、こうしてキープしてくださった方にはエステを無料でサービスするということにして、エステを始めたんです。多いときだと百名近くキープしてくださってましたけど、お客様が高齢になってきて、公設市場まで足を運べないという方も増えてきて。今はもう、新規のお客様のキープは取らないようにしてます」

最盛期に比べると、雑貨部にある化粧品店の数は少なくなっているのが現状だ。公設市場雑貨部が開設された頃に創業した店主達は高齢になり、跡継ぎもおらず、一軒、また一軒と閉店している。ただ、今でも雑貨部を訪れるお客さんは少なからずいる。なかには何十年と通ってくれる常連客もいるという。

「外国からいらっしゃるお客様もいて、年に一度、ハワイから通ってくださる方もいらっしゃいます。沖縄からハワイに移住された方で、お墓まいりで戻ってこられたとき、必ずうちに寄ってくださって。あと、若いお客様も少しずつ増えているんです。今は美意識が高い男性も増えてますでしょう。昔は夫婦やカップルでいらっしゃると、女性がエステを受けているあいだ、ただ待って過ごす男性がほとんどだったんです。でも最近は、待って過ごすよりはということで、ふたり一緒にお手入れされる方も多いですよ」

　時代の流れとともに取り扱う商品も移り変わり、最近は男性用化粧品も並べている。資生堂の契約店として営業する以上、販売ノルマもあり、常に数字を追いながらお店を切り盛りしてきた。そんなケイ子さんにとって癒しの時間は、定休日の日曜日、カナダで暮らす娘や孫とビデオ通話すること。「大変な時期もありましたけど、子供達がちゃんと成長してくれたので、店をやってきてよかったなと思いますね」とケイ子さんは振り返る。

　ある日、公設市場雑貨部を歩いていると、もやしのひげとりをするケイ子さんの姿があった。どこかの食堂から頼まれて手伝いをしているのかと思って尋ねてみると、「いやいや、これは自宅で食べるものです」とケイ子さんは気恥ずかしそうに答えてくれた。「子供達が小さい頃は、食卓にもやしが並ぶことが多かったんですよ。夕食のためにもやしを買っておいて、仕事がひまな時間にもやしのひげとりをする。子供達からは『お母さん、お金がないから最近はもやしばっかりだねー』と言われたこともあります」

　市場界隈には、女性がひとりで切り盛りする店も数多くある。朝から晩まで忙しく働きながら、食事の支度にも追われてきたのだろう。そんなまちぐゎーの姿を、少しだけ垣間見ることができたような気がする。

ふたりの「母」の背中

赤田呉服店

　呉服店が軒を連ねる牧志公設市場衣料部には、ゆったりした時間が流れている。お昼時に訪れると、店主達は反物に隠れるようにしてお弁当を食べているところだ。

「配達を頼まれる方もいますけど、私はいつもお弁当を持参してます」。そう語るのは「赤田呉服店」を営む赤田留美子さん。「毎日の楽しみは、お弁当を食べる時間ですね。息子のお嫁さんは看護師をしてるんですけど、とっても良い子で、いつも私のぶんまでお弁当を作ってくれて。今は妹と一緒に店をやっているから、ふたりで一緒にお弁当を食べてます」

　留美子さんは昭和十三年、フィリピンのミンダナオ島で生まれた。両親は沖縄出身だが、フィリピンに移住し、父は歯科医、母は助産婦として働いていた。

「私には姉と妹がいるんですけど、三人ともフィリピンで生まれたんですよ。まだ小さい頃に疎開することになって、両親から『リュックを持たないと捨てられるよ』と言われながら船に乗って、大分に引っ越したんです。そこはのどかな村で、田んぼがあって、小さな川が流れてました。そこでドジョウやうなぎを捕まえたりして食べてましたね。田んぼのあぜ道でツクシを採ったり、畑にこんな大きいザボンがなっているのを見て驚いたり、色々思い出があります。私達がお世話になってたのは大きなお寺さんで、そこのお嬢さんが日本舞踊を踊ってたんですよ。まだ小さかったですけど、その姿を見て、あらー、綺麗ねえと思ったのをおぼえてます」

戦争が終わると、両親の郷里である那覇に引き揚げた。戦後間もない牧志で、留美子さんの祖母・湖城かめさんが始めたのが服屋だった。

「うちのおばあちゃんは百二歳で亡くなったんですけど、すごいアイディアマンでした。その頃、このあたりには服を売る店が多かったんですよ。軍物を売る店もあれば、毛布や下着を売る店もあるし、パラシュート生地を売っているお店もありました。すぐ隣に桜坂があって、今ではのんびりしてますけど、あの当時は桜坂の飲み屋さんがすごい賑わいでね。おばあちゃんはウチナーカンプーを結って昔ながらの格好をしてる人だったけど、桜坂のお姉さん達が喜ぶような服を作ってました。何しろ物がない時代だから、洋服生地を買ってきて着物を作る。キラキラする生地を仕入れてきて着物を仕立てると、すぐに売れてましたよ。頭も良いし、仕入れをする目も良かったんでしょうね。大きな繊維屋さんの奥さん達が、『あんたのおばあちゃんはアイディアマンだね』と言ってましたよ」

自慢の祖母を手伝おうと、留美子さんは定時制高校に通いながら、昼間は働き始める。祖母が服屋を始めた頃は闇市だったけれど、市が整備に乗り出し、一九五一年に那覇市第一牧志公設市場衣料部が発足した。

「店を手伝い始めた頃はね、よく祖母に怒られてましたよ。おうちでおしゃべりしていると、『おしゃべりするなら、家じゃなくて市場でおしゃべりしなさい』と。同じようにしゃべって過ごすにしても、おうちにいるのと市場にいるのとでは違うんですよね。あの当時の衣料部は、今とは全然違う雰囲気でしたよ。通路は買い物にきたお客さんで一杯。私が働き始める頃になると、呉服屋さんが増えてました。今は貸衣装屋さんがあるために呉服が売れなくなったけど、あの当時は皆さん晴れ着を仕立ててましたよ。今だと『留袖を何枚持っている』というお客さんが多いけど、戦争で焼かれたあとだから、一枚も着物を持っていない人がほとんどでした。だから呉服屋が繁盛したんです」

留美子さんは公設市場に自分の店を構えた。三十代で結婚し、苗字は湖城から赤田に変わった。

「主人と結婚するきっかけは、私の友達のお母さんが、主人のお母さんと友達だったんですよ。それで紹介してもらって、結婚したんです。主人のお母さんは赤田サダさんという方で、遺族会の仕事をされてるとっても偉い方でした。サダさんも戦争未亡人で、遺族の方の気持ちがわかる優しい人だったんです。戦争で亡くなった方のことを調べたり、遺族年金がもらえるように国会に

丸洗い出来る

陳情に行ったり。誰かのために仕事ができる、とっても偉い方でした」

沖縄タイムスに、赤田サダさんの投書を見つけた。一九八〇年二月二十二日の朝刊に、こう書かれている。

どんなに身を粉にして働いても女の細腕ではどうすることもできない時がありました。ある時、三ヶ月も電気料を払えず、電気を切られました。「あしたは試験だ」と泣くにも泣けず、しょんぼりしている子供たちをみて通りすがりの方が声をかけて下さいました。「泣くなよ。男の子は泣かないものだ」と。それから一時間後には電灯がつきました。明るい電気の下で母と子供たちは涙をながしました。どうしても止まりませんでした。きっと三ヶ月の電気料を払い、すぐつけてくれと電気会社で頼んで下さったのでしょう。明日は試験だとわかっておられるので、学校の先生だと思いましたが、お名前も存じません。タイムスさんをおかりして、あらためてありがとうございました。おかげ様で四人の子供たちも立派に成人しました。

苦労して子供を育てたサダさんは、留美子さんにも優しく接してくれた。サダさんは留美子さんを実の娘のように扱ってくれて、留美子さんもまたサダさんに実の母親のように接した。祖母のかめさんと義母のサダさん、ふたりの「母」の背中を見つめつつ、呉服店の仕事を続けてきた。

「仕事は忙しかったけど、楽しかったですよ」。留美子さんはそう振り返る。「店を始めたときは、このあたりで生地を仕入れてましたけど、そのうち京都まで買い付けに行くようになったんです。最初に行ったときは、船で鹿児島に着いて、そこからずっと汽車で移動でした。駅で乗り換えるとき、弁当を買うのも大変だったけど、何名かで一緒に仕入れに出かけてたから、そんなのも楽しかったね」

かつての衣料部は、小さな区画に何十軒という店が並んでいた。一階だけでなく、二階にもたくさんの呉服店が軒を連ねていた。「赤田呉服店」も、数年前まで二階で営業していたけれど、一階に空き小間が増えたことで一階に移転することになった。二階へと続くエスカレーターは閉鎖され、現在は稼働していない。

「こんなふうにお店が少なくなるなんて、想像もつかなかったですよ。あれは誰だったか、『これからは時代が変わってくるよ』とおっしゃっていた方がいましたけど、今思えばあの方は先見の明があったんですね。自分はホイホイやってきたから、あまりわからなかった。でも、今でも買い物にきてくださるお客さんがいるんですよ。そうやってお客さんがいらっしゃることが、いちばんの楽しみです。お客さんが見えたら、『ああ、久しぶりねえ』と飛びつきたくなるぐらい嬉しいですね」

そんなふうに語っていた留美子さんも、二〇一九年の三月に店を畳んでしまった。四月のある日、公設市場衣料部を訪れると、「赤田呉服店」はすっかりがらんどうになっていた。向かいで呉服店を営む神村ツルさんは、今年で九十四歳、衣料部の中では最年長だ。ツルさんは、かつて「赤田呉服店」があった場所を見つめながら、「ずいぶん寂しくなりました」とつぶやいた。

国吉総合ミシン

戦後の復興を支えたミシン

浮島通りの入り口に、三・六メートルの巨大なシーサーが立っている。伝統的な壺屋焼の技法で焼き上げられた、壺屋うふシーサーだ。そのすぐ裏に、「国吉総合ミシン」がある。壁には何十台とアンティークのミシンが飾られており、道行く人も足を止めてゆく。

「これは売り物ですかと聞かれることもあるけど、売り物ではなくて、私のコレクション」。そう語る国吉繁さんは昭和二十六年生まれ、小さい頃からずっと壺屋で過ごしてきた。壺屋は焼き物の町だ。琉球王朝時代、各地に点在していた陶工達が壺屋に集められ、多くの工房が構えられてきた。

「私の同級生でも、親がやちむんに関わっている人は多かったね。やちむんと言うのは、焼き物のこと。小さい頃はしょっちゅう工房に遊びに行って、ろくろを回す様子を見ていた。まだ小さいから、大人しく見ているぶんには迷惑にもならないだろうと、許してもらえていたんだと思う。

ただ、うちの親は焼き物を作っていたわけではなくて、親戚と一緒にタンナファクルーというお菓子や飴を作る工場をやっていて。工場と言っても小さな工場だけど、私が小学校に上がる頃には辞めて、そのあとはサラリーマンをやっていたね」

また別の親戚は、農連市場で野菜を売っており、繁さんは市場までおつかいに出ることも多かった。まわりにはいろんな商売をしている人達が暮らしていたけれど、将来の夢というものを思い描けずにいた。中学を出たあと、どんな道に進んだものか決めかねていた繁さんは、川崎に暮らす伯母から「うちで働かないか」と誘いを受ける。伯母が結婚した相手は電気工事の会社を営んでおり、繁さんは住み込みで働くことになった。一年七ヶ月ほどで沖縄に引き返し、今度は叔父が勤める「国吉ミシン」に就職する。

「私が就職した頃は、『国吉ミシン』には電気部門とミシン部門があったんだよね。私は電気工事の仕事をしていたこともあって、最初は電気部門に入ったわけ。電気部門というのは、電化製品の卸をする部署。『国吉ミシン』は有名な会社で、ナショナルの製品の卸を手広くやっていた。でも、電気部門が暇になってきたから、『お前はミシン部をやれ』ということになって。私はミシンのことは全然わからんから、大阪にあるミシンメーカーに行って研修を受けて、七ヶ月ぐらい勤めてたね」

研修先のミシンメーカーで配属されたのは貿易課だ。当時はまだ沖縄が返還されておらず、沖

縄に出荷されるミシンは「貿易」という扱いになっていたのである。

「その当時はね、電動ミシンじゃなくて足踏みミシンが多かったんだけど、商品は板箱に入って届くわけ。これを開封して、一から組み立てる。あの時代はミシンが嫁入り道具の一つだったから、注文が多くて、間に合わせるのもやっとだったね。その会社で半年ぐらいお世話になって、貿易課の担当の人に『そろそろ沖縄に帰りたいんですけど』と相談したら、『国吉君は技術よりも麻雀と酒を覚えたんじゃないか』と冗談を言われてね。あの時代はものすごく景気が良くて、しょっちゅう宴会をやっていた。誰かがどこどこの営業所に移転するとなれば送別会があって、酒ばかり飲んでいた。もちろん酒と麻雀だけじゃなくて、そこで技術も教わって、それが大きな基礎となって今の私があるという感じだね」

ミシンが生活必需品だった時代がある。ミシンは家族が着る服を縫うための道具であると同時に、家計を支える仕事道具でもあった。

那覇に隣接する南風原町《はえばるちょう》は、戦前から織物業が盛んな町だった。戦前は機織り機が使われていたけれど、戦後はミシンに取って代わられてゆく。この歴史をクローズアップするように、南風原文化センターで二〇一七年の春、「暮らしを支えた女性たち〜戦後復興した織物業とミシンの活躍〜」と題した展示が開催されている。

「南風原文化センターでは、毎年『検証４・28』という展示を開催しているんです」。そう説明してくれたのは学芸員の平良次子さんだ。「四月二十八日はサンフランシスコ平和条約が発効された日ですけど、それは沖縄が日本から切り離された日でもあるんです。日本国憲法が適用されない状況に置かれて、何年にもわたる復帰運動があって、一九七二年にようやく復帰を果たした。その歴史を展示しようということで、復帰二十年を迎えた一九九二年に『祖国復帰運動』展というのを開催して、それから毎年のように『検証４・28』という展覧会をやってきたんですね。四月二十八日は沖縄が切り離された屈辱の日でもあるけれど、米軍統治下の生活が始まると決まった日でもある。そこでどんな生活を送ってきたのかを記録しようということで、沖縄戦後史に関する展示を続けてきました」

二〇一六年の展示を終えたあと、平良さんは翌年のテーマを何にしようかと頭を悩ませていた。そんな折に、ミシンを巡る沖縄技術史を研究する粟国恭子さんから提案もあり、「暮らしを支えた女性たち～戦後復興した織物業とミシンの活躍～」展を開催することになったのだ。南風原文化センターが収蔵する古いミシンを展示し、町内で織物業に従事してきた女性達に聞き取り調査を行った。

「話を聞いていくと、戦後間もない頃は米軍払い下げの生地をリメイクして洋服を作ったり、ロープ綱をほどいて豆腐袋を作ったり、皆さん工夫して商品を作られていたみたいです。那覇にある洋裁学校に通っていた方も多かったみたいですね。その頃はミシンというと高級品でしたけど、借金してでも購入すれば、いろんな商品を作って稼ぐことができる。展覧会では月賦でミシンを買った女性達への集金袋も展示したんですけど、備考欄に『夫には内緒』と書いてあるものもありました。南風原だと、『祖母が機織り機を持っていて、母がミシンを持っている家庭は、現金収入があって裕福だ』と言われるくらい織物業が盛んだったんです。家庭に電球が二つしかなくても、そのうち一つをミシンの上に設置して、夜なべして品物を作る。それが那覇の市場で売られていたんです」

復興が進むにつれて、沖縄に繊維工場が増えてゆく。国吉繁さんがミシンを卸していたのはこうした繊維工場だ。

「復帰前の沖縄に、沖縄繊維工業という会社があったわけよ。その工場が浦添にあって、何千名か従業員がいたと思う。他にも大きな繊維工場がいくつかあって、ここで作った洋服をアメリカに輸出していて。当時の沖縄はアメリカ統治下だから、安く輸出できるし、アメリカより人件費も抑えられる。でも、国と国との話し合いで、アメリカへの繊維品の輸出は打ち切りだということになって。そうすると繊維工場としては困るということで、国に要望を出したこともある。当時の通産大臣は田中角栄で、面会するまでは大変だったけど、会ってみると『わかった、わかった。全部ちゃんとやる』と、話は一分で終わったみたいよ。それで国がミシンを新品の値段で買い上げて、その代わり工場はミシンを全部廃棄したわけ」

日本から安価な繊維製品が輸入されることに対して、アメリカの繊維業界は反発し、輸入制限運動が巻き起こる。これが最初の貿易摩擦に発展し、二国間で折衝が重ねられた。同時期に沖縄返還交渉も進められており、沖縄返還を実現するために日本政府が折れ、繊維製品の輸出を自主規制し、二〇〇〇億円もの予算を投じて織り機を買い上げることになったのだという。

「そこで補償金としてもらったお金でスーパーマーケットを始める人もいれば、新しいミシンを買って縫製工場を再開する人もいたけど、あの頃もミシンはたくさん売れたね。その頃の私はね、あちこちの縫製工場をまわっていたわけ。ある工場に修理に出かけると、『そういえば、あそこの工場が新しいミシンを買おうとしているみたいよ』と教えてもらったことがあって。すぐに営業にまわって、一〇〇万、二〇〇万の商談をまとめたこともある。そうやって『国吉ミシン』でしばらく働いているうちに、当時の社長が『お前は独立する気はないのか』と言ってきて。その頃には三十歳を迎えていて、結婚して子供も生まれていたから、『国吉総合ミシンという名前で店を出したらどうだ』と言ってくれて、それで独立することにした」

そうして一九八三年、地元である壺屋で「国吉総合ミシン」を創業し、工業用ミシンを主に取り扱ってきた。販売だけでなく、修理も引き受けており、基地の中から依頼が入ることもある。六十八歳を迎える今も、繁さんは仕事を続けている。正月とゴールデンウィーク以外は定休日を設けず、毎日仕事をする繁さんが楽しみにしているのは晩酌の時間だ。

「店は夜七時頃まで開けてるんだけど、私は六時には家に帰って晩酌をする。最初にビールを一杯飲んで、あとは泡盛。銘柄は気にしないけど、度数は三十度以上の泡盛を飲む。一日に平均して三合は飲んでると思う。だから、朝はサラリーマンの人達と同じように九時には店にきてるけど、午前中はあんまり出歩かないようにしてる」

話を伺っていると、「もう一杯コーヒーを淹れましょうね」と言って、繁さんはキッチンに立った。待っているあいだ、何気なく本棚を眺めていると、クロスワードやナンプレの本がずらりと並んでいるのが目に留まった。仕事に取りかかるまでのあいだ、クロスワードやナンプレをして過ごすのが楽しみなのだという。何冊も積み上げられた本を見ているうちに、ここで繁さんが過ごしてきた時間の厚さに触れたような気がした。

裁縫技術は身を助ける
すみれ服装学院

戦後の沖縄を支えたのは女性達だ。戦争で夫を失くした女性達は、市場界隈に集まり、露店で商売を行なっていた。それが公設市場として整備されるのだが、それだけでは収まりきらず、衣料品を扱う新天地市場も整備された。二〇一一年に新天地市場は閉鎖されてしまったけれど、衣料品店は今も数多く営業を続けている。こうしたマーケットを縫い子として支えたのも女性達である。

南風原文化センターの紀要『南風の杜』(第二一号)には、縫い子として活躍した大城春子さんの聞き書きが掲載されている。

戦時中は、「南部避難組」だった。終戦後新制中学を卒業して、那覇の平和通りにあった「すみれ洋裁学院」に1年程通い、洋裁の基礎を学んだ。

「すみれ」という文字には見覚えがあった。平和通りとサンライズなは商店街がぶつかる場所に、現在も「すみれ服装学院」という看板が掲げられていて、ビルの一階には「すみれ洋装店」というお店も営業している。ただ、縫い子の大城春子さんは昭和八年生まれだと書かれている。中学卒業後に通ったとなれば、昭和二十三年の話になる。建物も比較的新しく、校名が「洋裁学院」ではなく「服装学院」となっていることを考えると、やはり別の学校だろうか？

「いえ、この学校が創立されたのは、ちょうど昭和二十三年です」。そう教えてくれたのは、現在「すみれ服装学院」で学院長を務める屋冨祖《やふそ》京子さん。学校を創立したのは、彼女の母・新嘉喜順子さんである。

「母はやんばるにある今帰仁村《なきじんそん》出身なんですけど、名護にあった沖縄県立第三高等女学校を卒業したあと、大学に進んで国文学を勉強したかったみたいなんです。母は文学が好きで、受験のために東京に出たんですけど、試験のときに体調を崩してしまって。あきらめて沖縄に帰ろうとしたところで、東京で生活していた姉から『洋裁学校に通ってみたら』と勧められて、文化服装学院に入学したんです。五年前に亡くなった小池千枝先生――コシノヒロコさんやコシノジュンコさん、高田賢三さんや山本耀司さんを育てた素晴らしい先生です――が当時はまだ助手をされていたそうですけど、そこで二年学んで沖縄に帰ってきたようです」

順子さんは沖縄に戻ってほどなくして結婚する。お相手は泊出身の新嘉喜長佳さんだ。軍人だった長佳さんが九州の部隊に配属になると、順子さんも一緒に佐賀に移り住んだ。

「佐賀にいるとき、母は近所の人達に洋裁教室を開いて、月謝として米や野菜をもらっていたそうです。そこで技術は身を助けると実感したんでしょうね。佐賀で終戦を迎えて、昭和二十一年の秋に私が生まれて、昭和二十三年に沖縄に帰ってきたんです。今はモノレールの牧志駅になっているあたりに瓦屋《カワラヤー》を建てて、そこで父は薬房をやって、母は洋裁教室を始めました。母はね、佐賀に移る前にも沖縄で洋裁を教えていたみたいなんです。夫が出征した女性達を対象に、洋裁を教えていたらしくて。それを考えると、沖縄に洋裁を広めたひとりは私の母だと思います」

昭和二十三年の春、牧志で洋裁学校が創業された。順子さんが学んだ文化服装学院の校章にはすみれがあしらわれていることから、学校の名前を「すみれ洋裁講習所」と名づけた。まだ幼い子供達を育てるために、順子さんは懸命に働いた。

「最初は自宅で教えていたものですから、講習所のことはよくおぼえてますよ。家の中に大広間があって、母は叔母とふたりで教えていたんです。その時点で百名近く生徒がいて、那覇だけじゃなくて、沖縄各地から生徒が集まっていたみたいですね。今思えば、母は洋裁も好きだったんでしょうけど、人を指導するのが好きだったんでしょうね。夜になって寝るときにはミシンをどかして、川の字になって寝てました。母が教えているあいだ、私はミシンの上から飛んだりして遊んでいたみたいです。三年ほどで名前を『すみれ服装学院』に変えて今の場所に移りました」

すみれ
婦人服仕立の店
すみれ洋装店
すみれ服装学院
募集中
すみれ服装学院
SUMIRE
☎866-4193

昭和三十年、「すみれ服装学院」は夫の長佳さんが建てた民衆ビルに移転する。洋裁を学んで手に職をつけたい女性が殺到し、多い時期には六百名の生徒が在籍していた。講師を二十名雇い、朝から夜まで授業を行なっていたという。最初は二階建てのビルだったが、生徒を収容しきれなくなり、昭和三十五年に三階を増築している。順子さんは学院長として毎日忙しく働いていて、京子さんはほとんど母と触れ合う時間がなかった。

「今になって振り返ってみると、母は一心不乱に働いていたんだと思います。先生方を雇って、授業を組んで、自分も教室で教えて、製図してパターンをこしらえて、裁断までやっていました。家に帰ってくるのは夜の十時を過ぎた頃で、私達はもう寝てるわけ。朝起きると、頭の上にミークファァヤーが――内地の言葉でいうと『おめざ』ですね――置いてあって、これが毎日の楽しみでしたね。日曜日以外は母とごはんを食べたことがなくて、母と一緒に過ごす時間は少なかったけど、パジャマから外に着ていくお洋服まで、流行の最先端の服を作ってくれてました。うちは六名兄弟ですけど、六名全部の洋服を縫ってくれたんです。だから、母とは洋服を通じて繋がっていたような気がします」

母の働きぶりを尊敬しながらも、洋裁学校で教えるのはあまりに大変そうだと、仕事を引き継ぐつもりはなかった。髪を結うのが好きだった京子さんは、美容師にあこがれ、アメリカでメイキャップの勉強をすることを夢見ていた。だが、その夢を母に告げると、「美容師になるなら、あんたは勘当よ」と言われてしまう。

「私は別に、沖縄が嫌いなわけではなかったんですけど、外国に出て広い世界を見てみたかったんです。でも、それを母に伝えると、『アメリカなんか行ったら、パンパンになって帰ってくるよ』と言うんですよ。それに、美容師やメイキャップ・アーティストは職場でしか仕事ができないけど、洋裁であれば生地を自宅に持ち帰って仕事ができるよ、と。最後には『ガジュマルのように、ここで根を張ってちょうだい』と言うもんだから、ああ、じゃあ母の仕事を手伝おうと思ったんです」

そうして京子さんは、高校卒業後は文化服装学院と同系列の文化女子短期大学に通って技術を学び、二十三歳の若さで教壇に立つ。その時代になると、「すみれ服装学院」には和裁科や生花科が開設され、さらに絵画や料理を教えるコースも誕生する。戦後間もない頃は「手に職を」と通う生徒が多かったけれど、復興が進むにつれてカルチャースクールとして間口を広げてゆく。

「この民衆ビルは、昭和五十八年に建て替え工事をして、今の建物になっているんです。その頃にはもう、徐々に生徒が減り始めてましたね。その代わり、洋品店はオーダーの注文が入って大忙しでした。バブルの時代には、多少高くてもいいから、良い生地でオーダーメイドの服を作って欲しいというお客さんがたくさんいらっしゃいました。オーダーメイドできちんと仕立てれば、誰かとかぶる心配もないし、何年も着ていられますからね。この通りは昔、新栄通りという名前だったんですけど、昭和六十二年にサンライズなは商店街という名前に切り替わって、アーケードがついたんです。それを記念して、洋品店の前でファッションショーをやったんですよ。生徒と一緒にアイディアを練って、私が演出して、その場で立体的に服を作るパフォーマンスをして。準備をするのに慌ただしかったもんだから、写真が残っていないんだけど、そのときのことは印象に残ってますね」

時代が昭和から平成に変わると、洋裁学校に通う生徒はめっきり減ってしまった。かつては四階建てのビルは洋裁教室で埋まっていたけれど、今は一階に機能を集約させて、三階と四階は貸しに出している。バブルの時代であれば、仕立てたばかりの洋服を店頭に飾ると、数万円のものであってもすぐに売れていた。「でも、今はそういうお客さんが歩かなくなりましたね」と京子さんは嘆く。

「母は九十歳近くまでここで仕事をしていたんですけど、耳が悪くなったものだから、生徒を指導することが難しくなって引退したんです。百歳を超えた今も元気に過ごしてますけど、『洋裁離れが進んでいて、寂しくなった』と言うんです。洋裁学校も、昔はもっとたくさんあったんですけど、数が少なくなってますよね。今はもう、皆さん既製品を買って済ませるでしょう。中には上等なものもありますけど、作るのは難儀だから、目の前にある既製品をパッと買って済ませる。あるいは、一〇〇〇円ぐらいの安い生地を持ち込んできて、『これで洋服を作ってくれ』という方もいるんです。作るのは構いませんけど、縫い賃が五、六万かかりますよと答えると、『は?』と言われるわけ。だから——こうして振り返って考えると、洋裁の文化が壊れたんですね」

生徒が少なくなったこともあり、京子さんは夫から「そろそろ引退して、海外旅行にでも行こう」と誘われている。でも、母が始めた「すみれ服装学院」をあと二十年は続けたいと思っているのだと京子さんは語る。

「生徒は減りましたけど、年を重ねれば重ねるほど、追求したい気持ちが出てくるんです。今年で七十三歳になりますけど、こうして働いていることは難儀じゃないんですよ。五十年続けてきたから、歯を磨くような感じよ。歯を磨くって言うと言葉が足りないけど、こうして働くことがそれだけ当たり前になっているっていうこと。今でも洋服に興味がある人はいるはずだから、今の若い人達が必要としているものを教えてあげたい。それは私が全面的に教えるんじゃなくて、若い人から私が学ぶ部分もあると思うんですよね。そんなふうにして、あと二十年は責任を持って続けたいと思いますね」

自分が七十歳を過ぎたときのことを想像する。そのとき僕は、五十歳年少の若者から何かを学ぼうと思えるだろうか。二十年後に向けた構想を聞いていると、京子さんは僕よりずっと気持ちが若いように思えてくる。

猫店長がお出迎え
嘉数商会

朝の平和通りを、猫がのっそり歩いてゆく。「嘉数《かかず》商会」の前にたどり着くと、そこが定位置であるのか、寝転がってくつろぎ始める。缶チューハイを手にした老人や、出勤途中のサラリーマンが少しのあいだ猫を愛で、通り過ぎてゆく。

「皆さん、それぞれお気に入りの猫がいるみたいで、ちょっと遠回りになっても平和通りを経由して歩いていく方も多いですよ」。そう教えてくれたのは「嘉数商会」の店主・嘉数信太郎さんだ。「うちに通ってくる猫は四匹いて、みーちゃん、キッチー、銀次、梅とそれぞれ名前をつけてます」

「嘉数商会」の母方のルーツを辿ると、大阪は堺にたどり着く。先祖は明治維新の頃に鹿児島に移り住んで、大正時代に入るとさらに南を目指して沖縄に渡り、やがて玩具と衣料品を扱う問屋を始めた。信太郎さんの母・清子さんは、この問屋の長女にあたる。「母のルーツは大阪や鹿児島で、父は沖縄の人だから、僕も沖縄と内地のハーフだと言っているんです」と信太郎さんは語る。

「嘉数商会」を創業したのは、父・嘉数武秀さんだ。武秀さんは清子さんの婿となり、番頭のように働いていた。ビルの建て替えのため、衣料問屋が移転することになり、この場所は良い場所だからそれは勿体ないということで、おじいちゃんとおばあちゃんから『せっかくだから、これを機に独立しなさい』と言ってもらって、この場所で店を始めることになったんです」

「嘉数商会」が創業されたのは一九七二年、沖縄返還の年だ。一九六五年生まれの信太郎さんは、当時小学二年生だった。

「自宅があるのは浦添なんですけど、小さい頃から店に遊びにきてましたね。小学校のときは、父親が迎えにきて、店に連れてこられてました。夕方になると、お腹が空くじゃないですか。でも、親は仕事が忙しくて、お金を持たされて平和通りにある『くるみ』という店にひとりで食べに行ってましたね。『くるみ』は那覇に何店舗か展開しているファミリーレストランだったんですけど、そこで食べる三角トーストのついたミートソーススパゲティがとても美味しかったです。周りの大人達はそばを食べてたりするんですけど、僕は普段食べられないこじゃれた料理を食べてました。浦添は那覇のベッドタウンだけど、同級生達は那覇に出かけるのは月に一回か二回で、それも一張羅を着てくるような世界だったから、羨ましがられましたね。その頃はこの界隈に映画館もたくさんあって、『ああ、こんな映画もやってるんだ』と思いながら歩いてたのをおぼえて

肌着

ます」

「嘉数商会」は、創業当時、玩具と衣料品を半々に扱っていた。今ではタオルを中心に風呂敷や毛布などを揃えている。

「内地だとタオル屋さんというのは珍しいかもしれないけど、このあたりはタオル屋さんが多かったんですよ」。信太郎さんと一緒にお店を切り盛りする姉・當間京子さんはそう語る。「もちろん日用品としてタオルや風呂敷やハンカチを買っていかれる方もいますけど、今では資金造成の注文が多いんですよ。たとえば甲子園に出場することになった高校が遠征費を募るとき、一口千円で協力してもらって、そのお礼に校名が印刷されたタオルをお返しする。そういった注文が入るので、春と夏は忙しくなるんです。あとは贈答品としてタオルを買われる方は昔から多いですね」

タオルが贈答品というのは説明が必要だろう。沖縄では生年祝いが盛んに行われている。自分の干支が巡ってくる年——数え年の十三歳、六十一歳、七十三歳、八十五歳、九十七歳——を迎えると、盛大にお祝いをするのだ。

「九十七歳のお祝いをカジマヤーと言うんですけど、それは特に盛大にお祝いをするんです」と信太郎さん。「そこでご祝儀をもらうので、そのお返しにタオルのギフトセットを買って、お返しするんです。昔は五十個、百個とまとめて売れてましたよ。あと、沖縄は出生率が高くて、四十何年連続で日本一らしいんですけど、出産祝いの返礼品としてもよく売れています。子供が生まれて、ご祝儀をいただいたお礼に、『こないだはありがとうございました』とお返しする。そのとき、包装紙と熨斗のあいだに〝命名札〟というのを挟むんです。その札には『命名　〇〇』と生まれた子供の名前が書かれていて、命名札をもらった人は、テレビを置いてある場所の上の鴨居に、押しピンかセロテープで貼っておく。古いおばあちゃんの家に行くと、命名札がずらーっと並んでますよ」

市場界隈を歩いていると、帳場の裏に命名札が貼ってあるお店を数多く見かける。その店の店主が名付け親になったのかと思っていたけれど、あれは出産祝いのお返しだったのか。

命名札は沖縄では一般的なものだけれど、「嘉数商会」の命名札には特徴がある。それは、名前だけでなく、生まれたばかりの赤ん坊の写真も一緒に印刷されていることだ。

「写真入りの命名札は、うちでタオルを買ってくれたお客さんには無料でつけてるんです。有料で顔写真入りの命名札を作ってくれる店は他にもあるみたいですけど。これは二十数年前にカラーコピー機を導入したときに、せっかくだから顔写真入りで作ってあげると喜んでもらえるんじゃないかと思って始めたんです。命名札だけじゃなくて、今はタオルの印刷も自分達でやっているんですよ。生年祝いのお返しなんかだと、琉歌を印刷した手ぬぐいなんかも人気なんですけど、生年祝いは時期が重なるので、印刷屋さんに頼むと時間がかかる場合もあるんです。昔はパソコンもソフトも高価だったし、パソコンとカラーコピー機を繋ぐインターフェースも何十万とかかっていたけど、最近は安いものも出始めたから、自分達で印刷もやっています」

印刷機を導入したおかげで、「嘉数商会」では新たなヒット商品が生まれた。それは、みーたんのイラストをプリントしたグッズである。

「みーちゃんも最初は野良猫だったんだけど、うちに居つくようになったもんだから、〝猫店長〟として店で飼うことにしたんです。この子がすごいのは、お客さんに触られても平気なんです。普通は嫌がったり逃げたりするけど、この子は『どうぞ』って感じで大人しくしてる。それでお客さんに人気が出て、みーたんのお土産が欲しいというリクエストが増えてきて。『こんなに可愛いんだから、グッズを作ったらいいよ』と。買ってくれるお客さんがいるのかなと半信半疑だったんですけど、プリントは自分達でやれるから、一枚だけ作ることもできる。それで、従姉妹の綾乃ちゃんは絵が上手だから、彼女にイラストを描いてもらって、最初に鞄を作ってみたんですよね。そうしたらすぐに売れて、違う色が欲しいとか、タオルが欲しいとかリクエストが殺到して、みーたんグッズがどんどん増えてますね」

「嘉数商会」の猫店長は、皆から「みーちゃん」と呼ばれている。これは通称で、正式な名前は「マイケル・ジュニア・みーたん」である。

「最初はね、僕がマイケルと呼んでいた野良猫がいたんです。『What's Michael?』という漫画がありましたけど、あれに出てくるような大きいトラ柄の猫がいて、このあたりをのしのし歩いていたんですよね。誰が何を言ってもビクともしない、このあたりのボス猫だったんですけど、ある日、その後ろをとことこ歩く小さなトラ柄の猫がいて。餌をあげてみると、毎日くるようになって、マイケルが亡くなったあとも店に居ついていてたんです。首輪もついていないから野良猫だろうということで、うちで飼い始めました。お父さんはきっとマイケルだろうと言うことで、『マイケル・ジュニア』と名づけて、あとは安直に、猫だから『みーたん』とつけたんです」

「嘉数商会」からほど近い場所にある桜坂を歩けば、数多くの野良猫がいる。この界隈には野良猫が数多くいて、地域猫として皆で見守っている。

「どうして野良猫が多いかというと、すぐ近くに希望ヶ丘公園というのがあって、そこに猫が住んでるんです。すぐそこに市場もあれば、食堂もたくさんあるし、猫おじさんや猫おばさんもたくさんいるから餌には困らないんですよね。ただ、もちろん猫が嫌いな方もいるんですけど」

平和通りにあるお店の中で、「嘉数商会」はいち早くシャッターを開ける。九時半からお店を営業しているものの、昔に比べると朝から買い物にくるお客さんは減っているのが現状だ。近隣に数多く存在していた衣料問屋も、昭和から平成に時代が変わる頃にはめっきり少なくなった。

「一九九〇年代に入った頃に、浦添市の西洲《いりじま》というところに新しく卸団地ができたんです。その当時西洲に移転していった問屋も数多くあり、この界隈の風景も変わってきたんです。僕は平和通り商店街振興組合の理事もやっていて、アーケードの修繕やいろんな議題もあるなかで、お客さんが平和通りに足を運んでくれるようにイベントも開催してます。ただ、イベントを開催しても、その一日だけで終わってしまう。お客さんを呼ぶためには、ひとつひとつの店が魅力的じゃないと駄目だと思うんですよね。ここは戦後の闇市から自然発生した場所だから、オンリーワンの変わった店が増えていけば、それが魅力になっていくと思います」

この一年のあいだにも、古くから平和通りで営業してきた店が何軒か閉店してしまった。そんな中でも、「嘉数商会」には地元客だけでなく、観光客も足を止めて、猫を写真に収めてゆく。みーたんの存在は海外にも知られているのか、外国人観光客も多く、英語やフランス語、中国語など、十数カ国語で説明書きも貼り出してある。みーたんは間違いなく、沖縄一有名な猫だろう。

宮城紙商店

沖縄風結納品がずらり

沖縄には伝統行事に関連したお店が無数にある。市場中央通りにある「宮城紙商店」もその一つで、和紙や便箋を取り揃えた文具店ではなく、看板には店名よりも大きな文字で「結納品」と書かれてある。

「うちでは沖縄風結納品と言っているんだけど、目録、長熨斗《ながのし》、御帯料《おんおびりょう》、勝男節《かつおぶし》、寿留女《するめ》、子生婦《こんぶ》、末広、友白賀《ともしらが》、家内喜多留《やなぎたる》の九品目がセットになってます。家内喜多留というのはお酒ですけど、沖縄だと泡盛ですね。これ以外にも、サーターアンダギーやカタハランブー、それにマチカジといったお菓子も沖縄特有の結納品で、それぞれ意味があるんです。こういった結納品の他に、沖縄独特の生年祝いのセットも扱ってます」

「宮城紙商店」を創業した宮城敏行さんは、一九四四年、名護に生まれた。美ら海水族館を目指して車を走らせていると、名護の市街地を抜けた先に採石場が広がり、ダンプカーが増え始めるが、敏行さんの実家があるのはまさにそのあたりだ。

「うちの実家があるのは旧屋部村の安和という部落なんだけど、私が生まれた頃に比べると、ずいぶん景色が変わってますよ。村に琉球セメントの工場ができて、大都市で建物を作るためにそこからセメントが出荷されて。昔は山だったところが、今では削られてなくなってます」

琉球セメント屋部工場が完成したのは一九六四年のこと。それ以前は農地の広がるのどかな部落だったと敏行さんは振り返る。

「うちの父は半農半漁で、農業もすれば漁業もしていたんです。今はなくなっているけど、あの頃は砂浜が続いてたんですよ。お袋はお袋で豆腐屋さんをやっていたから、うちは兄弟が八名いるんだけど、子供達は皆、親の仕事をうんと手伝いましたね。まだ電気が通っていない時代で、電話も部落に一個だけ。お風呂を沸かすのも、ご飯を炊くのも薪だから、よく山に薪を取りに行ってました」

中学を卒業すると、敏行さんはすぐに那覇に出る。伯母が結婚して那覇に暮らしていて、小さい頃から何度か遊びに行ったことがあり、那覇には馴染みがあった。それに、中学の同級生も、半数近くは卒業と同時に那覇に出ていたという。

「とにかく現金を稼げる仕事に就こうということで、那覇に出てきたんです。最初は違う仕事をしていたんですけど、あるとき同じ部落の人から仕事を紹介されて。それが『屋宜紙店』という

目録

New Years poster
MADE IN JAPAN

ところで、十七歳のときからお世話になりました。『屋宜紙店』は、古新聞や軍から出てくる紙を集めてきて、それを再利用して袋を作っていたんです。そこで十年以上働いて、そのあいだに結婚して子供も生まれていたので、オーナーに『そろそろ独立するか』と言ってもらって、援助を受けながら自分の店を立ち上げたんです」

こうして敏行さんは、一九七二年に「宮城紙商店」を創業する。当時はまだ結納品を扱っておらず、主な商品は紙袋だった。

「最初に扱っていたのは、商品を入れる紙袋。一斤用、二斤用、五斤用と茶色の袋があって、これを卸販売して飯が食べられてたんですよね。市場の方であれ、衣料品店の方であれ、商品を入れて渡す袋をうちから買ってくれていたんです。それと、あの頃は飛行機の航空券は高くて、沖縄から本土に出るには船の時代だったんですよね。本土まで出稼ぎに行く人がいると、家族や親戚が集まって見送りをして、旅立つ人が紙テープを投げる。あの五色の紙テープも扱っていて、それも相当売れましたね」

その時代の名残りで、現在も「宮城紙商店」は紙袋を少し扱っている。紙袋が一番売れたのは、一九七五年の海洋博のときのこと。丸玉工業というメーカーが海洋博で使うショッピングバッグを製造することになったのだが、丸玉工業は岐阜県にある会社だということもあって、「宮城紙商店」が卸を担当することになり、大きく売り上げを伸ばしたのだという。

海洋博が開催された一九七五年は節目の年だ。この年の五月には県外資本としては初となる大型スーパーマーケット「那覇ショッパーズプラザ」が沖映通りにオープンしている。日本各地にスーパーマーケットが普及すると、紙袋はレジ袋に取って代わられてゆく。レジ袋のトップシェアを誇る福助工業がレジ袋を商品化したのは一九七四年である。

「昭和五十年代の後半になると、ほとんどの店がビニールの袋を使うようになって、紙袋は売れなくなりましたね。そこで新しい売り物を考えないということで、結納品や生年祝いを扱うようになって。特に数え年で九十七歳のときにカジマヤーのお祝いをするんですけど、これは年々盛大にお祝いするようになっているんです。カジマヤーを迎えると子供に還るということで、風車を持たせてオープンカーでパレードをして、部落全体で祝ってあげる。うちに並べてある風車も、オモチャではなくて、カジマヤーのお祝いに使うものなんです」

ただ、最近は結納を行わずに結婚する若者も増えている。観光客にも買ってもらえる商品をと、ここ数年は紅型《びんがた》やシーサーをあしらったポチ袋も店頭に並べている。「宮城紙商店」の経営は長男の章さんに任せ、敏行さんは隠居生活を送っている。

「今の楽しみはね、釣りをすること。乗り合いの船で、慶良間のほうに釣りに行くんです。いつも狙っているのはアカジンミーバイ。これは公設市場で買うと一万から二万ぐらいする高級魚で、刺身にしても煮付けにしても美味しいんですけど、これを釣ったときの喜びはなかなか表現できないものがありますね。ただ、前は頻繁に行っていたけど、釣ってみたい魚はほとんど釣ったから、今は月に一回くらいです。小さい頃に薪を担いで歩いていたから、今でも身体は丈夫で、この年齢になってもしんどいと思うことはほとんどないですね」

「宮城紙商店」の開店時刻は朝十時だ。でも、八時過ぎには敏行さんが店を開け、溌剌とした表情でお客さんを出迎えている。

お仏壇には餅を供えて

もちの店やまや

国際通りから公設市場へと続く市場本通りには、わずか五〇メートルの距離にお餅屋さんとお菓子屋さんが五軒も並んでいる。午後のティータイムのためのおやつ――ではなく、基本的にはお供え物である。

「そこにカレンダーがあるでしょう」。ここで「もちの店やまや」を営んでいる兼島久子さんが指差すほうに目をやると、「もちと年中行事」と書かれた紙が貼られている。

「沖縄では、餅を使う行事が一年中あるんです。内地はお正月に飾るだけでしょうけど、こっちはほぼ毎月あって、お供えする餅も行事ごとに違うんです。旧正月にはナントウという餅を供えたり、七夕にはお墓の掃除をして、今年もまたお盆がきますので帰ってきてくださいねと白のあん餅を供えたり、お盆がくれば今度はお仏壇にいろんな餅を供えたりね」

お餅屋さんを創業したのは、久子さんのご両親だ。父・津嘉山朝徳さんは明治四十年、与那原《よなばる》で生まれた。四人兄弟で家計が厳しかったこともあり、尋常小学校を卒業すると丁稚奉公に出た。奉公先は泊にあったお菓子屋さんで、伝統的な沖縄の菓子づくりを学んだ。ただ、そこから菓子一筋に生きたわけではなく、よりよい生活を求めて朝徳さんは新天地を目指す。

「お菓子屋さんで丁稚奉公したあと、父は大阪に渡って、鉄工所に勤めていたそうです。そこで母と出会ったみたいです。私の母はカメという名前で、那覇で生まれ育ったんですけど、父と同じように大阪に渡り、紡績関係の工場で働いてました。そのまま大阪で終戦を迎えて、昭和二十一年頃に引き揚げてきて。ほら、早く帰っておかないと、沖縄はアメリカの領土になっていたから、パスポートがないと帰れなくなるでしょう」

戦争が終わると、日本はGHQに占領された。昭和二十一年、GHQは北緯三十度以南の南西諸島を行政分離すると発表し、アメリカが長期にわたって沖縄を統治する方針が示された。その前にと、朝徳さんとカメさん夫婦は三人の子を連れて沖縄に引き揚げてきた。そこで選んだ仕事がお菓子屋さんだった。

「最初の頃は、伝統的なお菓子がメインだったんですよ。壺屋に工場があって、そこで作った餅をここに持ってきて販売する。この場所はもともと川が流れていたんですよ。すごく小さい川だったから、ちょっと雨が降れば氾濫するような川で、そこに木の板をかけてお菓子を売ってたみたいです。あんまりにも川が氾濫するものだから、川の幅を広げてセメントで蓋をして、そこで商

お客様へ
ナントゥ餅(大)500円
の販売を4月1日(月)
より注文販売といたしま
す。
ご理解とご協力をよろし
くお願いいたします。
フチャギ
2個入り

売している人達がそれぞれ出資して建てたのがこの水上店舗なんです。だから、今もこの建物の下には川が流れてますよ」

最初は様々なお菓子を扱っていたけれど、他にもお菓子屋さんがあるので、ある時期から餅を中心的に扱う店となり、「もちのやまや」と看板を出すようになった。「やまや」の由来は、苗字である津嘉山の「山」だ。

「今は買った餅をお供えする人が多いですけど、昔はそれぞれの家庭で作っていたんですよ。旧盆には実家に親戚一同が集まって、全部で四十名以上が集まる家もあると思います。そこで皆で料理をして、お供え物を作り、その日にお仏壇から下ろして皆で食べる。そうやってお供え物を作るときに、人によって得意な料理があるでしょう。それぞれ得意なものを分担して作るんですけど、私の母方の祖母は餅を作るのが上手だったらしいんです。その味を引き継いで、店で出すようになりました」

沖縄のお餅の作り方は他県と異なる。餅米を水と一緒に石臼で挽き、木綿の袋に入れ、重石を載せて一晩おき、それを丸めて蒸す。水挽きと呼ばれる製法だ。沖縄は蒸し暑く、普通に餅をつくと夏場はすぐにカビが生えるので、水挽きするのだという。

「内地みたいに焼いて食べるんだったら平気かもしれませんけど、沖縄で餅はお供え物ですからね」。久子さんはそう話してくれたけれど、おやつにと買われていくお餅もあるそうだ。その一つはカーサムーチーだ。

「カーサムーチーというのは、沖縄で昔から食べられてきたお餅です。旧暦の十二月八日はムーチーの日で、子供が元気に育つようにと餅を作るんですよ。今は紅芋やキビ味も作ってますけど、昔はプレーンと黒糖の二つだけでした。プレーンのほうはまったく甘くなくて、餅を包んでいる月桃（カーサ）の葉の匂いが強いですね。子供は二歳ぐらいからカーサムーチーを食べるので、沖縄でこれを知らない人はいませんよ。昔はそれぞれの家庭で作ってましたけど、蒸すと月桃の強い香りが出るので、近所を歩いていると『ああ、この家はカーサムーチー作ってる』とすぐにわかります。その匂いを嗅ぐと、ああ、もうそういう時期なんだなと思うんです」

沖縄県民には海外に移住した人も多く、故郷に里帰りした人が「懐かしい」と言ってお土産に買って帰ることもある。ナントウというお餅もお土産として人気だ。こちらは餅粉に味噌や香辛料を混ぜ、甘辛い味に仕立てたお餅。「やまや」の包装紙には、「本土へのおみやげに沖縄名物ナントウ餅」と書かれている。

「ナントウは真空パックしたものも売っているので、海外へのお土産に買っていかれる方も多いですよ。旅慣れてる人だとそのまま持って帰られますけど、税関で色々質問されて大変みたいです。カーサムーチーもナントウも、小さい頃から食べ慣れてるから、懐かしがるお客さんは多いです。沖縄はね、最近までアメリカだったでしょう。今もそれに近いようなものだけど、その影響で沖縄にはアメリカ製のお菓子が昔からあったんですよ。ただ、そういうお菓子は高いから、普通の子供は食べることができなくて、カーサムーチーやナントウを食べるのが子供の楽しみだったんです」

久子さんは一九五二年、八人兄妹の末っ子として生まれた。現在は四男の廣さんが経営者として工場を取り仕切り、久子さんは店舗で販売を担当している。

「お店の仕事は、中学生ぐらいから手伝ってましたよ。家業だから、しょうがないですよね。子供じゃなくて労働力だから、やらないというのはなかったです。十代の頃はね、お客さんに教えられてました。お餅の詰め方一つとっても、『あんた、こんなして詰めたらいけないよ』と。でも、最近は買いにくるお客さんのほうが若くなってます。三十代くらいのお嫁さん達が、『今度こういうことがあるんですけど、どのお餅をどれだけ詰めればいいですか?』と聞いてくるわけ。沖縄はお仏壇の行事が多いから、だから沖縄の長男は嫁のなりてがいないと言われるんです。まずお仏壇が優先で、それを守っていかなきゃいけない。母親も、自分が苦労したもんだから、長男のところには嫁に行かせたがらないんですよ。最近はずいぶん簡素化して、スーパーでまとめたものが売ってますけどね。それでもうちに買いにきてくれるお客さんとやりとりするのが、こうしてお店をやっているなかでの楽しみですね」

一年の中でとりわけ忙しいのは旧盆だ。旧盆三日目のウークイの日、「やまや」の前には、お客さんがごった返していた。お店の前だけでは捌き切れず、その日が定休日のお店の前も借りて餅を販売していた。ひっきりなしにお客さんが訪れて、慌ただしく働きながらも、久子さんは笑顔でお客さんと言葉を交わしていた。

III

焼き立てのパンをどうぞ

大和屋パン

市場中央通りを南に進むと、右手に小さな路地が見えてくる。かつて「惣菜通り」と呼ばれた路地で、名前の通り、何軒もの惣菜屋さんが軒を連ねていた。今では「かりゆし通り」と看板の掲げられたこの通りで、古くから営業を続ける店がある。「大和屋パン」だ。

「パン屋を始めたのは、私の叔父なんです」。現在「大和屋パン」を切り盛りしている金城勝子さんはそう語る。彼女の叔父・山口賢明さんは、戦後いくつかの職を転々としたのち、パン屋という商売にたどり着く。賢明さんは自宅を工場としてパンを作り、それを母・山口ウトさん――勝子さんからすると祖母にあたる――に預け、惣菜通りで販売してもらっていたのだという。

「私は昭和二十四年生まれだけど、気がついたときにはもうパン屋を始めてたから、創業七十年近くになるんじゃないかね。私が小さい頃はね、すごく売れてましたよ。当時は工場まで仲卸の人がパンを買い付けにきて、あちこちにある雑貨店に売りにいくわけ。この人はこの地域、この人はこの地域と決まっていて、二十人ぐらいの人が売って歩く。まだ車なんかない時代だから、頭に箱を載せて運んでたよ」

内地に比べると、沖縄はパン食の普及が早かった。一九七〇年、『琉球大学農学部学術報告』に発表された「沖縄における穀類の消費構造について」という論文では、内地に比べると「那覇市の米食率は低く、パン食率がかなり高」く、「朝食、昼食とも、トーストが多く、サンドイッチは案外少ない」「その他、菓子パンが比較的多い」という指摘がなされている。

「私もね、小さい頃からしょっちゅうパンを食べてたよ。食べるのは菓子パンが多くて、だからずっと小太りだったさ。今は皆、車でいろんなところに遊びに行くけど、あの時代は公休日になると市場で楽しむっていうのが主で、子供の遊び場も市場だったわけ。土曜日になると遊びにきて、おばあちゃんにパンとお小遣いをもらって、おそばとぜんざいを食べて帰ってたね」

勝子さんにとって、祖母のウトさんは親同然の存在だった。小学校三年のときに母を亡くした勝子さんを、ウトさんは我が子のように可愛がってくれた。

「私は内孫じゃなくて外孫だったのに、大事に育ててもらってね。一緒に住んでたわけじゃないのに、経済面ではすごく援助してもらって、制服もおばあちゃんが買ってくれて。お小遣いもくれて、貧乏ではあっても、困らん程度には過ごせてたよ。怒るということを知らなくて、とっても情に厚くて良い人で、皆から愛されていた。すごいのはね、私が嫁いだあとも、お肉やお菓子を持ってきてくれるわけ。その恩返しもできないうちに亡くなってしまったけど、ほんとに天使様みたいな人だったね」

高校を卒業すると、勝子さんはパン工場で働いた。七年ほど勤めたのち、結婚を機に退職し、三人の子供を育てた。再び働きに出たのは、四十代半ばの頃のことだという。

「最初は県庁前にあるショッピングセンターのパレットくもじで面接を受けたんだけど、年齢で断られたわけよ。その次にダイエーのおもちゃ売り場の面接に行くと、差し引き計算のテストがあったのよ。『何円の商品を買ったお客様が、何円札を出しました、お釣りはいくらですか』と。私はソロバンをやってたから、計算は得意だけど、一緒に面接を受けた若い子は計算が苦手だったみたいで。それで面接に受かって、ダイエーで働き始めたのよ」

勝子さんが勤めていたのは、沖映通りにあった「ダイエー」だ。一九七五年に「那覇ショッパーズプラザ」として創業すると、人の流れが変わったのだと勝子さんは振り返る。それまで公設市場で買い物をしていたお客さんも、百貨店で買い物をしていたお客さんも「那覇ショッパーズプラザ」に足を運ぶようになったのだという。

「あのときは人の流れがすごかったよ。沖映通りを歩く人は皆、ダイエーに行きよったね。忘れられないのは、オープンのとき、ヘリコプターでチラシを撒いてたこと。そのぐらいお金をかけて宣伝してたよ。あのときの大型店というと、国際通りに山形屋と三越、百貨店が二つあったわ

NESCAFÉ
¥230
花パン
COFFEE

け。百貨店で売っているのは高級品だけど、ダイエーはスーパーだから、いろんなものが安く手に入るでしょう。だからダイエーがオープンした当時は、百貨店に入ってもお客さんがいなかったね」

働き始めてまもなく準社員に登用され、忙しく働く日々が続く。そんな勝子さんがパン屋さんを継ぐことになったのは、「大和屋パン」が倒産してしまったことにある。

「工場は閉めることになったんだけど、叔父さんが『惣菜通りの店を引き継がないか』と声をかけてくれたわけ。おもちゃ売り場の仕事も楽しかったけど、人に使われる仕事は飽きがくるでしょう。ちょうど辞めたいなと思っていたのと、おばあちゃんがやってた店を残したいという気持ちもあって、ここでパン屋を継ぐことにしたのよ。それが一九九六年のことだね」

いきなりパン屋を始めるのは大変だろうと、最初の二年間は叔母が一緒に働いてくれて、ノウハウを教えてくれた。その頃には市場界隈に観光客が増え始めていたこともあり、パンだけでなく、ちんすこうなど土産物も販売していた。

「昔は地元のお客さんがほとんどだったから、パンがよく売れてたわけ。でも、あちこちにスーパーやコンビニができると、よそで買うお客さんが増えてきて。この通りだけでもパン屋さんが三軒あって、昔はどこも売れてたのよ。この通り以外にも、沖縄では有名なぐしけんパンやオキコも近くに出店したけど、単価が安くて利潤も薄いから、やっぱり厳しいさーね。今は皆潰れてしまって、残っているのはうちだけ。惣菜屋さんも少しずつ閉店してしまって、ここ数年で一軒もなくなったね」

お店を継いで二十年のうちに、状況は様変わりした。当初は小禄にあるビジョンという会社からパンを仕入れていたけれど、そこも倒産してしまい、現在は三つの会社からパンを仕入れている。その関係もあり、現在の「大和屋パン」の開店時刻は十二時と遅めに設定されている。「ほんとは十時くらいに開けられるといいんだけど、仕入れ先の都合もあるからね」と勝子さんは語る。

陳列棚にはアンパンやクリームパン、カレーパンにメロンパンと定番商品がずらりと並んでいる。菓子パンが多く、うぐいすパンやかぼちゃパン、紅いもパンや田いもパンもある。沖縄では定番のうずまきパン——パン生地を渦巻き状にロールして、あいだに生クリームやいちごジャムを挟んだパン——もある。

話を聞かせてもらったのは夕暮れ時で、ひっきりなしにお客さんがやってきた。この日は食パンがよく売れた。お客さんの要望を聞き、勝子さんはパンをスライスする。

「月の初めは菓子パンがよく売れるけど、月末になると食パンがよく売れるのよ。月末というのは、給料日前だからね。菓子パンを何個も買うと何百円かになるけど、食パンなら安上がりさーね。自分の好みの厚さに切ってくれという人もいれば、家族の人数に合わせて切ってくれという人もいますよ。それはね、『菓子パン一個ください』というのは気兼ねする人が多いということでもある。私も雑貨店に行くと、一個だけというのは買いきれんわけさ。沖縄の人は情が深い人が多いから、一個だけだと申し訳なくて、何個か買っていくのよ。そんなお客さんが多いから、物を売る前に人を売る商売をしないとね。殿様商売では駄目。いつも買い物に来てくれる方には、『いつもありがとう』と手を握ってお釣りを渡すときもある。感謝してるから、自然にそうなるわけ。そんなふうにやっているから、まだ成り立ってるんじゃないかね」

帳場に置かれた公衆電話が鳴る。どうやら近所から注文が入ったようだ。注文があれば、勝子さんは店を空けて配達に出る。界隈にある喫茶店には「大和屋パン」から仕入れをする店も多く、勝子さんは店を閉めたあとで納品に出かけてゆく。

「今から配達に行ってくるから、ちょっと店番しててくれる?」。勝子さんはそう言い残すと、駆け足で出かけて行った。僕はできうる限りの笑顔を浮かべて、どぎまぎした気持ちで店番をした。

喫茶スワン

二階に広がる憩いの空間

その階段に気づいたのはいつだっただろう。平和通りには、煌々としたライトに照らされたドラッグストアや土産物屋もあれば、雨合羽店に帽子店、カーテン専門店と個性的な店が軒を連ねる。最初のうちはそちらに目を奪われていたけれど、しばらく通っているうちに、二階にもお店が点在していることに気づいた。せり出すように服を並べる衣料品店と、軒先にテーブルを並べる居酒屋のあいだに、小さな扉がひっそり開かれている。扉の先には階段があり、これをのぼると「喫茶スワン」にたどり着く。店内には青の壁紙が貼り巡らされている。照明は控えめで、昔ながらの喫茶店といった雰囲気である。店の中央に置かれた水槽では熱帯魚が泳いでいる。

「昔はもっと青い壁紙で、海の中にいるみたいだったんですよ。初めて入ってきたお客さんが、不思議な世界に迷い込んでしまったような顔をして、そっと帰っていくこともありました」。店主の譜久島節子さんはそう笑う。譜久島というのは沖縄ならではの苗字だが、節子さんの出身は熊本である。六歳上の姉が結婚して家庭を築いていたこともあり、学校を出ると節子さんは夜行列車に乗り、大阪を目指した。

「大阪に出たのは、十八歳のときですね。職場は難波のビルの中にあって、姉の家から通ってました。ただ、家と職場を往復するだけで遊びに行かなかったから、大阪のことはほとんど知らないんです。これは今も一緒で、家とここを往復するだけで、あとのことはわかりません。大阪のことでおぼえているのは、欧陽菲菲の『雨の御堂筋』という曲がヒットしたことと、大阪万博のときのこと。あのときは電車がものすごく混んだんですよね。私も万博を観に行きましたけど、月の石ですか、あれはあんまり人が多かったからね、行列のないところだけ観てまわりました」

姉の家で世話になりながら、節子さんは美容師として働いていた。ただ、彼女が美容師免許を取得した熊本に比べると、大阪は都会で、流行の移り変わりも激しかった。戸惑いながらも懸命に働く日々の中で、節子さんは同じビルで働いていた譜久島栄さんと出会う。デートをする前から「結婚して欲しい」とアプローチをする栄さんの熱意に押されて、節子さんは結婚を決める。

「十九歳のときに結婚することになって、成人式を済ませたあと、主人のご両親に挨拶に行こうと初めて沖縄にきたんです。ご両親から親戚まで、空港に迎えにきてくれて。ちょうど旧正月の時期だったから、本家のある伊良部島に行くことになって、那覇から飛行機で宮古島に渡ったんですよね。今は宮古島から伊良部島まで、伊良部大橋というのがありますけど、当時は橋なんて

スワン

なかったんですよ。港から小さな船で渡るしかないんですけど、ちょうど引き潮だったのか、船が岸壁からずいぶん低い場所に泊まっていて。主人達は慣れているから、ポンポン飛び乗るんだけど、どんなに構えても私は飛びきれなくてね。私は宮古で待ってるから、明日迎えにきてって言ったんです。でも、『自分が受け止めるから、早く飛び乗れ』と主人が怒るもんだから、仕方なく飛び乗って、足を打ったのをおぼえてます」

伊良部島にたどり着くまでも大変だったけれど、到着したあとがさらに大変だった。旧正月のお祝いに親戚一同が何十人と集まり、お酒を飲みながら賑やかに過ごしている。熊本育ちの節子さんは、そこで交わされている言葉をほとんど理解できなかった。

「今でも旧正月にはお祝いがありますけど、あの頃はもっと盛大にお祝いしてたんです。主人が私のことを紹介してくれて、広間に座ってるんだけど、皆が話している言葉がわからんわけよ。そうしているうちに悲しくなって、外に出てひとりで泣いてました。まだ二十歳で、若かったからね。でも、言葉以外は何も問題がなくて、食べ物もすごく合うなと思ったんです。それで結局、一ヶ月ぐらい滞在して、沖縄を観光して帰りました。二月だというのにとにかく暑くて、日焼けしたのをおぼえています」

結婚後もふたりは大阪で暮らしていた。「自分は長男じゃないから、ずっと大阪に住む」と栄さんは語っていたという。転機となったのは沖縄返還だ。一九七二年五月十五日、沖縄が復帰を果たした途端に、栄さんは「沖縄に帰ろう」と切り出す。子供が生まれたばかりだったこともあり、「ひとりで沖縄に帰ったら」と節子さんは返事をしたけれど、栄さんの決意は固いようだった。離婚するわけにもいかず、節子さんも沖縄に移り住むことに決める。家財道具を抱えて船に乗り込み、沖縄にやってきたのは一九七三年の春だ。

「たしか四月一日に大阪からフェリーに乗って、家族三人で沖縄にやってきたんです。それで、この場所が空いているのを主人が見つけてきて、最初はレストランをやることにしたんですよね。自分達で物件を改造して、ちょうど復帰から一年経った五月十五日頃にオープンしたんじゃないかと思います。いざ始めてみると、レストランはコックさんを雇わなきゃならないし、人件費がかかるわりには儲からないということで、スナック喫茶に切り替えたんです」

スナック喫茶に業態を変えたときに、店名を「喫茶スワン」と改めた。営業時間は朝九時から、昼間は喫茶店として、夕方五時からはお酒を提供するスナックとして営業していた。栄さんがマスター、弟がチーフとして働き、昼と夜にアルバイトの女性を二名ずつ雇っていた。スナック喫茶は人気を博し、「十九の春」がヒットした頃に田端義夫が訪れたこともあるという。

経営が軌道に乗ると、栄さんは新たな事業に乗り出す。沖縄で歌われてきた俗謡である「十九の春」を田端義夫がレコード化したのは、一九七五年のこと。沖縄では海洋博が開催され、各地で開発が進み、新しい時代を迎えつつあった。そこで栄さんが目をつけたのはディスコだ。

大阪時代にディスコで働いた経験のある栄さんは、新しい若者文化を沖縄に普及させるべく、数千万を投じて波の上にディスコをオープンさせる。だが、時代を先取り過ぎたのか客は入らず、閉店を余儀無くされる。「喫茶スワン」も、これまでのように従業員を何名も雇っている余裕がなくなり、専業主婦として家庭を守っていた節子さんもお店を手伝うようになった。なんとかして子供達を育て上げなければと奮闘していたある日、夫の栄さんが三十八歳の若さで急逝する。

「主人が亡くなったとき、私はまだ三十五歳だったんです。上の子が中学校一年生で、真ん中が小学五年生、下の子はまだ小学校三年生だったんですけど、ひとりで仕事をしながら三人を育てるのは無理だと思ったんですよね。熊本の実家からも大阪の姉からも、こっちにくれば子供達の面倒を見てあげるよと言ってくれたもんですから、子供達三人にそれぞれ聞いたんです。熊本に行くのと大阪に行くのと、どっちがいいかと。すると、『お父さんが可哀想だから、どこにも行きたくない』と、三人が三人とも言ったんですよ。それで私は気持ちを切り替えて、主人が残したものを潰すわけにはいかないということで、頑張って働いてきたんです」

夫に先立たれたあとも「喫茶スワン」を続けてこられたのは、ひとえにお客さんのおかげだと節子さんは振り返る。常連のお客さん達は「スワンを守る会」を結成して、落ち込んでいた節子さんを励ましてくれた。

「うちにきてくれるお客さんは、市場や商店街で働いている方が多いんです。夕方になると旦那さんがうちにやってきて、晩酌を始める。晩酌と言っても、私がお酌をするわけじゃなくて、皆さん手酌ですよ。そのあいだに奥さんが店を閉めて、それからうちにやってきて、奥さんはコーヒーを一杯飲んで、ふたりで一緒に帰っていく。そういうお客さんが多かったですね。うちは別に、お酒を出す店じゃないんですよ。市場で働いてらした方からすると、自宅の延長のような感じだったんでしょうね、自分達でお酒を飲んで過ごしていたんです。魚屋さんが刺身を持ってくれば、それをツマミに皆さん飲んでましたね。でも、このあたりの商店街の方も高齢化して、そうやって通ってくださっていたお客さんもずいぶん少なくなりました。今はもう、ビールがメニューにあることはあるんですけど、基本的にお酒は出さないようにしています」

ただ、今でも「喫茶スワン」は常連客が数多く訪れる。お昼時になれば、界隈で働く人達がランチを求めてやってくる。人気のメニューはカツカレーと生姜焼き定食で、コーヒーか紅茶をつけて六五〇円で提供している。また、「大和屋パン」の金城勝子さんが配達してくれる食パンを贅沢に使った厚切りトーストも人気のメニューだ。夫の栄さんが亡くなって数年は従業員を雇っていたけれど、三十年以上にわたって節子さんはひとりで「喫茶スワン」を切り盛りしてきた。

初めて「喫茶スワン」を訪れたとき、印象的だったのは、コーヒーに砂糖が二本ついていたことだった。お客さんにホットコーヒーを提供するときは、必ず砂糖を二本つけているのだという。その理由を尋ねると、「一本しかつけずに出すと、お客さんから『もう一本ちょうだい』と言われた場合、厨房まで走って取りにいかなきゃいけないでしょう」と節子さんは答えてくれた。

「もちろんブラックでコーヒーを召し上がる方もいらっしゃいますけど、たくさん砂糖を入れる方もいるんです。昔、毎日のように通ってくれる女の子がいたんです。その子がアイスコーヒーのお代わりを注文したとき、『シロップもお代わりで』と言ったんですよ。別にいくら使ってくれてもいいんだけど、シロップは自家製なもんだから、どれぐらい砂糖が入っているかわかるわけですよ。その女の子の身体が心配になって、あんまり入れ過ぎんほうがいいよと伝えたら、『私の勝手でしょ！』と言われて。ごめんごめん、好きなだけ入れてねと謝ったんだけど、あれからお客さんには余計なことを言わないように気をつけてます」

話を聞いていて驚いたのは、シロップが自家製だということ。節子さんはひとりで店を切り盛りしているというのに、砂糖を煮詰めてシロップを作り、お客さんに出すおしぼりも毎日消毒して用意している。今では市販のものに切り替えたけれど、去年まではドレッシングも自家製だったのだという。「喫茶スワン」の営業時間は十二時から八時までだが、節子さんは朝の十時にはお店に出て、夜の十時頃まで働いている。

「子供達からは『お父さんもきっと、そんなに頑張らなくていいと思っているはずよ』と言われるんだけど、ここで仕事をしていると、お客さんから元気をもらえるんですよ。何十年ぶりに訪ねてくるお客さんもいるし、親に連れられてきていた子が、大きくなって彼女を連れてくることもある。あるいは、公設市場で魚屋さんをされていた方がいて、この方はうちの常連さんだったんですけど、早くに亡くなったんです。そうすると、子供達がひとりずつ訪ねてきて、『××の息子です』と言うわけ。会うのは初めてだけど、お父さんから名前は聞いていたから、『ああ、××君ね』と返すと、向こうは驚いた顔をしてね。それで、『親父はいつもどこに座ってましたか』と聞いて、自分もその席に座るんですよね。長くやっているとそんなこともあって、ありがたいなと思います」

年を重ねるにつれて、身体にガタがきているところもあり、グラスを落として割ってしまうことも増えている。「年も年だから、いつ辞めてもいいと思っているんです」と節子さんは語る。「でも、お店を始めて今年で四十六年だから、あと四年ぐらいは頑張りたいですね」。そうつけくわえて、節子さんは小さく笑った。

弥勒の笑顔をたずさえて

大衆食堂ミルク

かりゆし通りの南側に、ちとせ商店街ビルがある。ビルは四つの建物に分かれているけれど、二階から上が結合されていて、一つの建物のようになっている。継ぎ目は吹き抜けになっており、陽射しが注がれている。ビルの名前の通り、一階の路地は商店街のように店が並ぶ。ここに「大衆食堂ミルク」がある。

「ミルクというのは、牛乳じゃありませんよ」。食堂で働く宮城初江さんが教えてくれる。沖縄では弥勒菩薩は「ミルク」と呼ばれている。旧盆の最終日になると、先祖供養と五穀豊穣を祈り、エイサーを踊りながら練り歩く「道ジュネー」が県内各地で開催されるが、そこには獅子舞やミルク神がつきものだ。弥勒菩薩というと、微笑をたたえた姿を思い浮かべるけれど、沖縄のミルク神は布袋様に似て、どこかユーモラスな表情である。

「学校を出たあと、最初は瀬戸物屋で働いていたんです」と初江さん。「平和通りに『照屋時計店』という店がありますけど、あの隣にある瀬戸物屋で働いてました。その瀬戸物屋のおばさんが『いつもミルクしなさい』と言っていたのよ。『どんなことがあっても、お客さんにはニコニコ笑顔で接しなさいよ』と。それで、うちが食堂を始めるときにも『ミルクってつけるといいよ』と言われて、この名前になりました」

初江さんは昭和十九年、那覇に生まれた。実家は豆腐屋である。自宅で両親が作った豆腐を、長女である初江さんは路上販売していた。

「まだ水上店舗ができる前、ガーブ川のほとりで豆腐を売っていたんです。頭にタライを載せて運んで行って、卵を売ったり豆腐を売ったりしてました。うちは弟や妹が大勢いましたけど、子供が増えれば食べるものがなくなるから、私が売りに行って稼がんといかんわけよ。あのときはすごい人通りだったから、誰かにぶつかって豆腐を落としたことがあるのよ。ああ、どうしようと思って途方にくれていると、通りかかった方が『これは私が買っていこうねー』と言ってくださったこともありました。豆腐屋さんは、私のすぐ下の妹が継いで、すぐ近くの天ぷら屋さんの向かいで『岸本手作り豆腐屋』という名前で続けてます」

豆腐屋さんは次女に任せ、初江さんは働きに出た。国際通りのホテルにある食堂で、食器洗いの仕事をしていたとき、啓《さとし》さんと出会って結婚する。結婚を決めた理由を尋ねると、「理由というのはなく、自然にね」と初江さんは答える。「別に『いつか食堂をやろう』と話していたわけでもないけど、結婚すれば将来の希望が持てると思ったんじゃないかね」と。

結婚相手の宮城啓さんは昭和十八年生まれ、二十歳の頃から料理人として働いてきた。

「昔、平和通りに『朝日レストラン』というのがあったのよ。最初はそこで仕事を始めて、それからずっとこの仕事。他の仕事はできないですね。ただ、一つの店にずっといたわけじゃなくて、あちこち転々としましたよ。松山のレストランでも働いたし、桜坂の飲み屋でも働いて。今は面影がほとんどありませんけど、ハイアットホテルがあるところに小道がたくさんあって、いろんな飲み屋さんがありましたよ。いろんな店を渡り歩いて料理人をやってきたけど、『いつか自分の店を』なんて考えたこともなかった。そんなことを考える暇もなく、毎日働いてましたね」

転機となったのは、ちとせ商店街ビルが完成したこと。そこに空き物件があるのを、初江さんの母・春さんが見つけてきて、「市場の近くだから、ここで仕事をしなさい」と紹介してくれたのだ。そうして「大衆食堂ミルク」をオープンさせ、厨房は啓さんと初江さん、ホールは妹の良子さんが担当し、四十年以上に渡って営業を続けてきた。

「最初はね、こんなにメニューが多かったわけじゃないんです。店を続けているうちに、お客さんが『これを作りなさい』とリクエストするもんだから、少しずつ増えました。沖縄そばなんかは最初からありましたけど、値段も当時のまま、三五〇円で出してます。五〇円ぐらい値上げしたものもありますけど、ほとんど値段を変えてません。今度また消費税が上がるから、そろそろ

とんかつ定食
味噌汁
エビフライ
ビール
500
牛肉ピーマン
すき焼
てびち
カツカレー
天丼

Orion

値上げしないといけませんね」

メニューをいくつか書き記してみる。ポーク・タマゴとチャンポンと味噌汁は五〇〇円、ふチャンプルとゴーヤチャンプルとすき焼、それにソーキそばは五五〇円、ソーキ汁と中身汁とカツ丼は六〇〇円と、いずれも格安である。ゴーヤチャンプルやソーキそばは観光客にもすっかり定番となっているけれど、いくつかの料理は説明が必要だろう。

すき焼といえば、一般的には鍋料理だが、沖縄のすき焼は皿で提供される。牛肉を豆腐や白滝や野菜と煮込んで、卵を落としてある。カツ丼も沖縄では独特の調理をされていて、カツを卵でとじるだけでなく、タマネギやニンジン、ニラといった野菜がたっぷりのっかっている。さらに独特なメニューはチャンポンとポーク・タマゴだ。

「内地の方は、チャンポンというと麺の上に野菜がのったものを思い浮かべますよね。でも、沖縄のチャンポンは、野菜とお肉を炒めて卵でとじたものが、ごはんの上にのってるんです。それから、ポーク・タマゴも沖縄の食堂で定番の料理ですけど、これは炒めたポーク・ランチョン・ミートに玉子焼きを添えて出してます。ポーク・ランチョン・ミートというのは缶詰に入った豚肉で、ポーク・タマゴやチャンプルに使ってますね」

戦後、アメリカの統治下に置かれた沖縄には、アメリカの味が数多く持ち込まれた。代表的なものはキャンベルのスープとポーク・ランチョン・ミートである。アメリカの味は沖縄の食に取り入れられ、大衆食堂には「スパム」や「チューリップ」といったポーク缶が必ずと言っていいほど置かれているし、スープを提供する食堂も数多く存在する。

「店を始めた頃は、今よりずっと忙しかったですよ」。初江さんは当時を振り返ってそう語る。「うちにいらっしゃるお客さんは、市場で働いている方がよく食べにこられますね。昔は八軒食堂通りにも食べ物屋さんがあって、とても賑やかでした。洗い物が追いつかないから食器を増やして、今では使い切れないぐらい食器があります。それと、うちは出前もやっているんですよ。このあたりにはひとりで店をされてる方も多いですから、うちまで『出前お願いね』と注文にくるお客さんもいましたね」

電話が普及した今でも、店まで出前の注文に訪れるお客さんは少なからずいる。注文が入れば、良子さんが配達に出かけてゆく。届けにいく範囲は公設市場から平和通りあたりまで。それより遠くは仕事がまわらなくなるので、出前は断っている。

「大衆食堂ミルク」には中休みがなく、朝十時に店を開けると、夜八時のラストオーダーまで通しで営業している。啓さんと初江さん、それに良子さんは、お客さんが途切れたタイミングを見て、交代で食事を済ませる。店の角に置かれたテレビは、いつも決まって琉球放送にチャンネルが合わされている。好きな番組があるというよりも、「この番組が放送されているということは、これぐらいの時間だ」という目安になるから、いつも同じチャンネルに合わせているのだという。

「大衆食堂ミルク」には、かつて小上がりの席もあった。でも、お店とともにお客さんも年を重ね、「座敷に座るのは難儀する」という声が増えたので、店内を改装して小上がりを取り払って、現在はカウンターとテーブル席だけだ。初江さんも若い頃に比べるとすっかり目が悪くなり、「とにかく転ばないように気をつけてます」と笑う。

今年で七十五歳を迎えるけれど、「店を辞めようと思ったことは一度もないね」と初江さんは語る。「将来のことはね、何も考えませんよ。とにかく頑張って働くだけ。他に何があるの。『いらっしゃいませ』、『ありがとうございました』、これぐらいよ。別に儲けようと思ってませんよ。色々必要な支払いを済ませて、ごはんを食べることができれば十分よ」

「大衆食堂ミルク」を訪れると、僕はいつもチャンポンを注文する。お店を取材するのであれば、いろんなメニューを頼んでみようかと思ったけれど、初江さんの言葉を聞いているうちに考えが変わった。いつもの味を食べられればそれでいいと、決まってチャンポンを食べている。

県産ウィスキーがずらり
バサー屋

その日も僕は、いつものように「大衆食堂ミルク」でチャンポンを食べていた。テーブル席にいたお客さんが食事を終え、会計を済ませて店を出ると、「そういえば今のお客さんは、新聞で記事になったことがあるんですよ」と初江さんが教えてくれた。聞けば、沖映通りにほど近い場所で「バサー屋」というお店を営んでいるのだという。

「お店といっても、あまりお客さんもきませんから、やっているのかどうかわからないようなものですよ」。店主の當銘《とうめ》正幸さんはそう笑いながら、お茶を差し出してくれた。正幸さんは昭和十五年、那覇の南に位置する豊見城に生まれた。「バサー屋」を始めた今も、自宅は豊見城にある。

「私が生まれた頃の豊見城は純・農村で、車もほとんど通らなかったですよ。沖縄の南部はサトウキビを作る地域が多いですけど、豊見城は一大産地でした。大昔は沖縄もコメを作りよったんですけど、薩摩藩が沖縄を支配するようになって、『サトウキビを作れ』と。だから沖縄には田んぼじゃなくて畑が多いんですよ。私は豊見城にある保栄茂《びん》という集落の出身で、當銘家はその集落のリーダーのような存在でしたけど、小さい頃から家の仕事は手伝ってましたね」

當銘家も農家であり、サトウキビを作っていた。ただサトウキビを育てて出荷するのではなく、収穫して砂糖に仕上げるところまでが農家の仕事だった。

「学校から帰ってくると、牛馬のように働きました。まだ農業が機械化されてなくて、耕運機もない時代だから、遊ぶ暇というのはなかった。収穫したサトウキビを、自宅にある工場で砂糖に製造するんだけどね、収穫時期というのは冬だから、工場の中で仕事をするのはむしろ暖かくて楽なんですよね。一番大変なのは収穫です。私は五男坊ですけど、大変さが身に沁みてましたから、農業はやらないと決めてました」

高校卒業後、正幸さんは農協に就職。地域の農家をまわりながら仕事をしていたある日、見知らぬ男性に声をかけられた。男性は内地からやってきた陶芸品の蒐集家だと名乗った。両手に荷物を抱えており、「那覇まで送ってくれないか」と正幸さんは頼まれた。

「あの頃はまだ、豊見城にはバスやタクシーなんてそんなにたくさん走ってませんから、軽トラックで那覇まで送ってあげることにしたんです。沖縄は戦争で犠牲を払ってますでしょう。民具や工芸品は焼けてしまったものが多いけど、焼き物は残っていたんです。それを内地のコレクターの人が買い集めていて、沖縄の人からすればガラクタに思える焼き物を、三〇ドルぐらいで買っ

手をふれないで下さい
具志頭村の花風
RUM
WHISKY
SUNTORY WHISKY
SUNTORY WHISKY

ていると言うんです。まだ復帰前でドルの時代で、私の給料が四〇ドルくらいなのに、古い焼き物で三〇ドルもらえる。その人ひとりだけじゃなくて、コレクターの方が何名か買い集めてました。当時の沖縄は、『戦前の古いものは捨てましょう』という時代ですよ。でも、内地の人たちが買い集めているのを見て、古いものにも価値があるのかもしれんと私も思うようになったんです」

こうして正幸さんは、二十五歳の頃からコレクションを始める。民具に着物、陶芸品と、ジャンルを問わずに古いものを蒐集してゆく。

「今思うと、あの時代だからコレクションができたんだと思います」と正幸さんは振り返る。「当時の家は茅葺き屋根で、豚小屋や牛小屋があって、ヤシの木が植えられていて、外に開かれていたでしょう。だから私も訪ねて行って、おじいちゃんやおばあちゃんに『古いものがあれば売ってもらえませんか』と言えたんです。今は扉が閉まってて、ブザー式ですよ。それに、おじいちゃんおばあちゃんは老人ホームに入っていることも多いですよね。それを考えると、あの時代だから可能だったんだと思いますね」

復帰が決まると、沖縄の骨董品を買い集めるコレクターも増えてゆく。焼き物はコレクター人口が多く、貴重なものは大学や博物館に収蔵される。着物であれば王族や士族が身にまとってきた紅型が有名だが、庶民が着てきたのは芭蕉布だ。正幸さんが目をつけたのは、この芭蕉布である。

「紅型はもう博物館に収蔵されていたから、私は芭蕉布を集めることにしたんです。王族や士族が着るものだけで、沖縄の織物の話はできませんから、沖縄中を巡って、離島にも出かけて、三百点の芭蕉布を集めました。一口に芭蕉布といっても、明治以前、明治、戦前、戦後で縫い方が変わってくるんです。私が集めた三百点の芭蕉布を見ていると、この移り変わりがよくわかるんです」

芭蕉布のことを沖縄では「バサー」と言う。ここから「バサー屋」と名づけたのだが、店内に並んでいるのは芭蕉布ではなくお酒だ。正幸さんは芭蕉布だけでなく、復帰前からお酒も集めてきたのだ。

「私自身は、酒はあんまり好かないんです。父は明治の男ですから、とても厳しくて、家族は『質素倹約するように』と言われていたんです。酒なんか飲むとすごく怒られますよ。でも、親父は地域の中心として、祭り事をやらんといかんでしょう。地域の人には優しく接して、外で一緒に酒を飲んだりしていたみたいですけど、家族には厳しく接する。その質素倹約が身についてるもんだから、私は酒は好かんけれども、織物や民具や陶器が文化であるように、酒も文化ですよね。お祭りや祝い事の席には、酒がないといかん。でも、酒はただ酔っ払うものだと思って、文化だと考える人は少なかったんですよ。それで私は、酒も集めることにしたんです」

沖縄のお酒と聞けば泡盛を思い浮かべるけれど、復帰前の沖縄は洋酒天国だった。日本では高額な酒税がかかるため、輸入品のウィスキーは高嶺の花だったけれど、アメリカ統治下の沖縄では比較的安く手に入れることができたのだ。

「当時は舶来品に対するあこがれがあって、ジョニー・ウォーカーなんかでも内地よりずいぶん安く買えましたから、ウィスキーを飲む人が多かったですね。それをソーダ割か、コカ・コーラで割って飲む。水割なんていうのは復帰後だと思いますよ。泡盛は田舎者が飲む酒だと馬鹿にされてしまって、ほとんど飲む人はいなかった。ただ、あるとき、社長連中が泡盛を飲んでいるのを見かけたことがあるんです。何であんなお金持ちが泡盛をと思ったら、ウィスキーよりも高価な、何十年物の古酒を飲んでいた。こういう例外はあるけども、舶来品のウィスキーを飲むのが自慢だという時代があったんですよね」

正幸さんがコレクションしたのは、こうした舶来品のウィスキーではなく、県産ウィスキーである。内地であれば、舶来品は高嶺の花だという庶民をターゲットに、サントリーやニッカがウィスキーの売り上げを伸ばしていた。だが、沖縄で販売するには「輸出」という扱いになって関税がかかることもあり、苦戦を強いられていた。低い酒税で沖縄にウィスキーを流通させられるようにと、一九六一年に沖縄サントリー株式会社や琉球ニッカウヰスキー株式会社が設立されている。

「製品を完成させて運んでくると酒税がかかるから、原料であるモルトを運んできて、それを沖縄で瓶詰めする。そうやって沖縄県産ウィスキーが作られてたんですよ。他にも沖縄オーシャンというのもありましたし、内地からやってきた会社だけではなくて、ヘリオス酒造や合資会社バートンといったメーカーも県産ウィスキーを作ってましたね。でも、あの頃はまだ外国製が一級品で、日本産は二級品という時代でしたから、やはり舶来品のほうが売れていたんです。沖縄が日本に復帰すると、県産ウィスキーというのは需要がなくなって、次第に消えていきました。そうすると今度は泡盛が飲まれるようになってきましたけど、復帰前の泡盛は、オリオンビールの空き瓶に入れて販売されてたんですよ」

正幸さんが収蔵する泡盛は、オリオンビールの大瓶を再利用して販売されていたものが数多くある。ラベルには「酒税之証 琉球政府」と印字されている。こうした貴重なコレクションを見てもらおうと、農協を定年退職したあとに「バサー屋」をオープンさせて、店の半分を酒屋として、残りの半分を博物館にしている。ただ、博物館を訪れる人はほとんどおらず、閉館に近い状態になっている。

「うちの家は豪農だったもんだから、財産もたくさんもらいましたけど、それをほとんどコレクションに注ぎ込みました。父は『こんな古い物を集めてどうするか』と死ぬまで反対してましたし、兄からも怒られましたよ。『せっかく先祖から伝わる土地を分け与えたのに、それを売ってガラクタを買い集めてどうするんだ』と。親はいつも、お金に余裕があるなら土地を買いなさいと言ってましたけど、土地ブローカーというのは、安く買ったものを高く売るでしょう。それはね、人から『あくどい』と言われますよ。それとは逆に、私は価値がないように思われている古いものばかり買い集めて、いまだに変人扱いされてます。でもね、『変人でもなければ、沖縄の文化を守る仕事はできないんだ』と思ってます。うぬぼれかもしれんけどね、そう自分に言い聞かせて過ごしますね」

話を聞かせてもらってからというもの、ウィスキーを目にすると、「うぬぼれかもしれんけどね」と語っていた正幸さんの姿を思い浮かべてしまう。これまでずっと、そうして自分を奮い立たせながら、はたから見れば無駄だと思われることを続けてきたのだろう。今目の前にあるものは、そこにあることが当たり前過ぎて、いつのまにか消え去ってしまう。でも、同時代の人達から変人扱いされる人の手で、時代は記録されてゆく。

大洋堂

物がなかった戦後の時代

国際通りと沖映通りがぶつかる交差点には信号機があり、「むつみ橋」と標識が掲げられている。ここで信号待ちをしているときにふと思った。国際通り沿いには大きなビルが建ち並んでいるというのに、この一角だけ背の低い建物が続く。そこに「大洋堂」と看板を掲げるジュエリーショップがある。

「ここにも再開発の話はきてるんですけど、話がまとまらないんです」。そう語るのは「大洋堂」の荒垣政美さんだ。「この一角には、小さな店が十店舗近くあるんですけど、それぞれいろんな思いがあるから、再開発の話が持ち上がっては消えてます。建物にも手をつけられなくて、昔のままで営業してます」

「大洋堂」を創業したのは、政美さんのご両親だ。父・政二さんと母・スヱさんは、いずれも奄美大島出身だが、戦前に大阪に移住し、時計の部品を卸販売していた。戦争が終わると、大阪と沖縄を往復しながら仕事を続け、一九五〇年、「大洋堂時計店」をオープンする。

「私が聞いた話だと、最初は沖映通りの裏に小さな店を出して、松尾に移って、それから今の場所にきたみたいです。でも、私が二、三歳の頃にここで遊んでいる写真が残っているので、一九五五年には今の場所に店を構えているはずです。当時はまだドルの時代ですから、かかるのは関税だけで、物品税はかからなかったんですよ。昔はね、時計や宝石、ブランド品やウィスキーといった贅沢品には物品税というのがかかっていたんですけど、沖縄だとそれが免除されるから、この界隈は軒並み輸入舶来品のショップでしたね。内地からブローカーと呼ばれる人達が買いつけにきて、それを内地で売って利益を出す。その時代は復興に向けたエネルギーが溢れていて、沖縄の黄金時代じゃないですか。売り上げのドル札を段ボールに押し込んでいる店もあったぐらい、とにかく儲かっていたんです」

一九七二年、沖縄は復帰を果たす。復帰するということは、関税や物品税も内地と同じように適用されるということだ。それは沖縄の経済に深刻な影響を与えるということで、特別措置として「観光戻税」という制度が導入される。沖縄で購入した商品を、未使用のまま県外に持ち出す場合に限り、物品税が払い戻されるのだ。対象となるのは「指定物品」として選ばれたウィスキーおよびブランデー、腕時計、香水、喫煙用のライター、万年筆、革製ハンドバッグ、身辺用細貨類、べっこう製品およびさんご製品の八品目である。

¥780,000

「特別措置のおかげで、しばらくのあいだは売り上げが落ちなかったですけど、これはいつまでも続かないなと思ったんです。その時代だと観光客が八割で、二割が地元のお客さんでしたから、これを切り替えるような企画を立てて、地元のお客さんを呼べるようにシフトしたんです。そこで時計に加えてジュエリーを扱うようになりました。ただ、時計のほうは、七〇年代の後半になると扱わなくなりましたね。と言いますのも、その頃になるとクォーツ式の腕時計が流通するようになったでしょう。それまでの機械式の腕時計というのは、自動巻きにしても手巻きにしても、中の仕組みがわかっていないと扱えないんです。でも、クォーツというのはどこでも扱えますから、八〇年代に入ってからはジュエリーに特化して営業しています」

政美さんは一九五三年、大阪生まれ。当時はまだ両親は大阪と沖縄を往復しながら商売をしていたけれど、政美さんが物心つく頃には那覇に移り住んでおり、小さい頃から国際通りの風景を見て育った。遊び場となったのは裏山やガーブ川だ。

「店がある場所の裏に山があって、ハブが出るようなところなんですけど、そこを駆けまわったり、お墓で遊んだりしてましたね。『お墓で遊ぶ』というと内地の方は驚かれますけど、沖縄ではお墓は身近な場所なんです。それから、沖映通りの真ん中をガーブ川が流れていて、雨が降るとよく氾濫してたんですよ。でも、子供は想像力が豊かだから、私はそこにタライを持ってきて浮かんで遊んでました。だから、一九六二年に工事が始まって、ガーブ川が塞がれたときは寂しい気持ちでしたよ。汚い川でしたけど、塞がれてしまうと、呼吸ができていないような感じがしましたね」

ガーブ川は暗渠になってしまったけれど、そこにかかっていた橋の名前は残り、信号機に「むつみ橋」という標識が掲げられているというわけだ。

政美さんは両親が働く姿を見て育った。その忙しさは幼い政美さんにも伝わってきたので、迷惑をかけないようにと、学校から帰るとランドセルを置いて遊びに出た。ただ、一つだけ寂しく感じたことがあるという。それは、食事を店屋物で済ませることが多く、手料理を食べられなかったことだ。

「お友達はお母さんがおうちにいらっしゃいますから、お母さんの手料理があるんですよ。それに対してとってもあこがれがありました。近くに幼馴染の子がいて、その子の家に遊びにいくと、私のぶんまでごはんを出してくれることがあって。ごはんとおみおつけ、それにチャンプルが並んでいて、『ああ、これがお母さんの味か』と。反対に、その幼馴染からすると、うちに遊びにきたときに店屋物を食べるのが楽しみだったみたいで、お互いの家を行ったりきたりしてました。そういう経験があったものだから、私は自分の子供達にはいつも手料理を食べさせてましたね」

寂しい思いをしたこともあるけれど、両親の働きぶりを間近で見ていた政美さんは、不満を漏らしたことはなかった。「今思えば、英才教育を受けたような気がします」と当時を振り返る。

「小さい頃から舶来品の時計やジュエリーを見て育ちましたから、美に対する意識は違っていたと思います。店の仕事も小学生の頃から手伝っていて、『お腹が痛い』と言って学校を休んで、国際通りで名刺配りをしてました。内地から観光でいらしている背広姿の方を見つけては、『よろしくおねがいします』とショップカードを配ってましたね。私には三つ上の姉がいたので、店を継ぐとは思っていませんでしたけど、私は私の会社を立ち上げるのが夢でした。九歳くらいのときに、学校の課題で絵を描いたんですけど、それはビルの絵だったんですよ。女性がそのビルに入れば、お洋服から靴からハンドバッグから時計から、すべて買うことができて、きれいにメイキャップをしてもらって、素敵な状態で出てくる。今で言えばファッションビルですね。そんなビルを作りたいと夢見ていたんです」

お店を継ぐはずだと思っていた三歳年上の姉は、茶道や華道を学び、料理教室に通い、早々に結婚する。一方の政美さんは、姉のように〝花嫁修業〟をさせられることはなく、宝石のことを教え込まれた。

「あの頃だと、ジュエリーを仕入れるのに月に二、三回は香港に飛んでましたけど、そこに私も連れて行かれて、母に宝石のことを教え込まれました。ジュエリーを知るには、とにかく直接見ること。たとえばルビーだと、美しいとされるのはピジョン・ブラッド、鳩の血のように鮮やかな色をしたルビーですね。でも、ルビーにはいろんな色があって、産地によっても色が違えば、それぞれの石に個性があります。知識だけではやっぱり駄目で、いろんな石をこの目で見ることが経験を豊かにするんです。父は父で、商売経験のない私に、二年間は経理を見せていました。そうやって少しずつ、ジュエリーショップをやる上で必要なことを学びましたね」

二十歳で短期大学を卒業すると、政美さんはすぐに「大洋堂」で働き始めた。それから半世紀近くのあいだに、ジュエリーを買い求めるお客さんにも変化があるという。

「昔は若い子がクリスマスプレゼントにジュエリーを買ってましたけど、それもバブルの頃まででしょう。今は物が飽和しているなかで育ってきているから、物にこだわらない方が増えているような気がします。私も含めて、物がなかった戦後の時代を知っている世代のほうが、こだわりは強いですね。戦争で焼かれてしまって、身につけるジュエリーなんてなかった時代があるんです。ジュエリーは生活にゆとりがないと買えませんからね。そのぶんあこがれが強くて、ジュエリーに限らずバッグ一つにしても、自分が好きなブランドのものを追いかけて買い続ける方が多かったように思います。でも、そういった価値観も、時代とともに変わってきてますね」

時代だけでなく、商売は行政や経済にも左右される。二〇〇八年にリーマンショックが起きると、景気は冷え込んで、高級品であるジュエリーを買い求める人は少なくなった。また、「米軍牧港住宅地区」として強制収用されていた土地が返還されると、沖縄県と那覇市はここを「那覇新都心」として再開発に乗り出す。二十一世紀を迎える頃には那覇新都心にショッピングモールや大型免税店がオープンし、人の流れが変わってゆく。

「買い物をするとなれば、昔は皆、この界隈にきてたんですよ。公設市場もあれば平和通りもありますし、映画館もあちこちにあって、山形屋や三越といった百貨店もありましたからね。でも、新都心ができると、向こうは一箇所に全部まとまっているし、駐車場もたくさんあるし、地元のお客さんがこの界隈に見えなくなったんですね。そうやって移り変わる時代に乗り遅れないようにしないといけないということで、新たな店を始めることにしたんです」

かつては二十五坪すべてをジュエリーショップとして営業していたけれど、店の半分を改装し、二〇〇九年二月に「黒糖屋」をオープンする。名前の通り、黒糖専門店。

「リーマンショックがあって、新都心が再開発されて、宝石だけでは食べていけない時代がやってくるなと思ったんです。国際通りを歩いているのは観光客が増えていましたけど、お土産物屋さんはいろんな商品を並べているところが多かったので、何かに特化した店を出そうと。最初は塩と黒糖の専門店を始めるつもりだったんですけど、ある日、中小企業同友会の集まりで『塩と黒糖の専門店をやろうと思っている』と話をしたら、『荒垣さん、半年後に塩の専門店が平和通りにできると聞いたよ』と言うんですよ。聞けば八重山にショップがあるというから、翌日にすぐ八重山に飛んで、見学に行ったんです。それが雪塩で有名な『塩屋《まーすやー》』さんでした。そちらは塩を作っている方が経営されている店で、ノウハウも一杯入っているから、これは勝てないなと。それでうちは黒糖専門店に決めて、今は百三十種類ほど黒糖を並べてます」

「黒糖屋」を始めて今年で十年が経ち、創業から数えれば来年で七十年を迎える。これまで店を切り盛りしてきた時間を振り返って印象深い出来事はと尋ねると、「強盗の被害にあったことですね」と政美さんは答えた。

「一九九六年に窃盗団に入られて、約一億八〇〇〇万円の商品が盗難されたんです。店を開けると、商品が根こそぎ持って行かれていて、頭が真っ白になって。商品がないことには店をやれませんから、一ヶ月ぐらい閉めたままだったんです。そのとき、散らかった店内を片づけるのを手伝いにきてくれた方もいましたし、メーカーさんが二億円以上の商品を貸してくれて。そこで手を差し伸べてもらったことは一生忘れられませんね。人は支え合って生きているんだということを骨身にしみて理解しましたし、仕事に対する姿勢も変わりました。その時期にお客様から言われたのは、『神様がこんな試練を与えたのは、これを乗り越える力があなたにあるからだよ』ということで。私に力があるのかどうかはわかりませんけど、人は誰かに支えられて生きているんだと気づけたということは、大きな宝だと思っています。だから――人生って何でしょうね。人生を閉じるまでには長い時間がありますけど、いろんな試練に直面しながらも、それを乗り越えていく。その経験が宝になっていくと思いますし、人間としての魅力に繋がっていくんだと思います」

二〇三〇年に「大洋堂」は八十周年を迎える。その頃にはお店を長男に譲るつもりだと政美さんは語る。長男の周佑さんは、東京で十年間、宝石の加工職人として修業を積んできた。若いお客さんにジュエリーを販売するためにも、周佑さんの若い感性で店を経営して欲しいのだという。

「沖縄は今、内地から入ってくるお店も増えていて、今年の七月十一日にはセブンイレブンの沖縄一号店もオープンしますし、パルコさんも入ってきますでしょう。観光客の数も毎年増え続けていて、沖縄はバブルだと言われていますけど、上り坂があれば必ず下り坂がある。今をキープしていくためには、下り坂がやってきたときに耐えられる戦略を考える必要があるんじゃないかと思います」

そこまで話し終えると、「それが生きている証ですね」と政美さんは付け加えた。その一言に、半世紀近く店を続けてきた重みを感じる。

土産物屋の草分け
にしきやおみやげ店

日曜日の国際通りは歩行者天国となる。路上で披露される大道芸に足を止める人もいれば、キッズエリアでシャボン玉を追いかける子供達もいる。さまざまな国から沖縄を訪れた観光客が、国際通りをそぞろ歩き、ずらりと建ち並ぶ土産物店を眺めてゆく。

「私がここで店を始めた頃はね、お土産を売る民芸品店というのはありませんでしたよ」。そう語るのは「にしきやおみやげ店」を営む城間ルミ子さん。お店の創業は東京オリンピックが開催された頃だというから、半世紀以上前に遡る。「国際通りにある店と言うと、ほとんど時計屋さんでした。当時はまだドルの時代でしたけど、オメガだとか外国の時計を売る店と、ワニ革のハンドバッグなんかを売る店と、外国のウィスキーを売る店。そういったお店がずらりと並んでいる通りだったんです」

ルミ子さんは昭和十一年、台湾の花蓮港で生まれた。両親は久米島出身だったけれど、仕事の関係で花蓮に移住していた。日清戦争後、台湾は日本に割譲された。日本統治下の台湾では、東部の沿岸に移民村がいくつも作られ、多くの日本人が入植している。

「私が住んでいたところには、製糖工場があったんです。日本政府の勧めでサトウキビを作っていて、それを収穫して砂糖にする。父は電気技師をしていて、製糖工場の電気部で働いてました。沖縄から移住した人は、うちともう一軒くらいで、あとは内地の方達でしたね。そこで働く人達が住んでいる長屋があって——長屋と言っても玄関もお風呂もあるのよ——とっても良い暮らしをしてました。豆腐屋さんもあるし、日本式の神社もありましたね。お正月になると、朝早くに起きて、着物をきてお参りしてました。五年くらい前に、兄と一緒に花蓮を訪ねたことがあるんです。そうすると、今はもうサトウキビは作ってなくて、畑はほとんどバナナになってましたけど、当時のまま残っている建物もたくさんありました。神社もそのまま残っていて、あの頃は小さかったからものすごく長い階段があったような気がしたけど、今行ってみると三十段くらいでね。そこを登っていくと、今は蔣介石の銅像が飾られてました。そこからあたりを眺めると、当時のことが懐かしくなって。『戦争がなければ、今頃はもっと良かったはずなのに』とうちの兄がよく言いますが、私達が花蓮に住んでいた頃はとっても平和な時代でした」

太平洋戦争が始まると、台湾も空襲の被害を受けた。両親は台湾で亡くなり、ルミ子さんは親戚に手を引かれ、沖縄に引き揚げることになる。

「引き揚げるときはね、基隆という港町の岸壁に倉庫があって、しばらくそこに収容されてました。内地からは大きな船がやってきて、先に帰っていくんです。でも、沖縄に引き揚げる船がなかなかやってこなくてね。昭和二十一年の秋になって、ようやく米軍の上陸用の舟艇がやってきて、それで引き揚げたわけ。沖縄に到着するときも、那覇港は軍港で入れないもんだから、中城村《なかぐすくそん》の浜ばたに降ろされて。そこに名簿があって、親戚を探すと、やんばるのほうに住んでいるみたいだから、トラックに乗せてもらって訪ねて行って。でも、そこにずっとお世話になるわけにもいかないから、今度は糸満までヒッチハイクをしながら、三日かかって移動しましたよ。そのときに今の国際通りのあたりも通ったはずだけど、戦争で燃えて何もないからね、このあたりから海まで見通せるほどでした」

そうして糸満で暮らし始めたルミ子さんは、学校を卒業すると、昭和バスの車掌として働き始める。家が糸満ということもあり、配属されたのは糸満線だ。その路線は魚を行商する女性も多く乗っていて、朝早い便から混雑していたという。結婚を機に退職し、三年ほど専業主婦をしていたけれど、二十八歳のときに「にしきやおみやげ店」を開店する。引き揚げた頃に通りかかったときには焼け野原だったけれど、復興とともに繁華街が形成され、一九五四年にアスファルトで舗装された道路が完成していた。通り沿いにあった「アーニーパイル国際劇場」から名前を取り、この道路は「国際通り」と呼ばれるようになる。

MOTOBU
NAGO
HENOKO
ISHIKAWA
KADENA
KOZA
NAHA
YONABARU
ITOMAN

「主人は那覇出身で、国際通り沿いに物件を持ってたんです。最初は人に貸してたんだけど、色々あって、自分達で店をやったほうがいいんじゃないかという話になりまして。それまで商売をやったこともなかったけど、二十八歳のときに土産物屋を始めたんです。最初はね、周りと同じように時計やワニ革を仕入れようかと思ったんだけど、高級なものを仕入れるには資本が要るでしょう。だから、とりあえず安く仕入れられるものをということで、土産物屋にしたんです。この近くに『紅屋』さんという民芸品店はありましたけど、そことうちしか土産物を売る店はなかったです」

帳場の後ろに、古くなった漆器がいくつか並べられている。「これは昔の売れ残りです」とルミ子さんが言う。丸いプレート状の漆器に、沖縄の地図と花笠が描かれている。地図には「ＩＥ」や「ＫＡＤＥＮＡ」、「ＫＯＺＡ」、「ＲＡＩＫＡＭＵ」とアルファベットで地名が記されている。

「これはね、アメリカの兵隊さん向けに、私がオーダーして作らせたものなんです。世界地図で見てもね、沖縄は点でしかなくて、どんな島かわからないでしょう。それで兵隊さんがやってきて、『自分が駐留しているのはどんな島か家族に送りたいから、マップはないか』と言うわけ。それで漆器に沖縄の地図を描いて、地名を英語で入れて、それだけでは寂しいから花笠も描いてね。これを兵隊さんが買って、『自分はこの地図のこのあたりにいる』と手紙を書き添えて送っていたみたいです」

土産物店を訪れていたのは米兵ばかりではなかった。復帰前の沖縄にも、内地から観光団が訪れていた。その多くは慰問のための観光団である。一九六一年に和歌山県が「紀乃國之塔」を建立すると、沖縄や南洋で亡くなった出身者を追悼するための慰霊碑を各都道府県が建立し始める。

「その時代だと飛行機は高かったから、船でいらっしゃる方が多かったみたいですね。まだ美ら海水族館なんてありませんから、観光団の方達は激戦地になった南部を一周されてました。各都道府県ごとに四、五十名ぐらいの団体でいらっしゃって、ひめゆりの塔を見学する。もうすでに慰霊碑がある県の観光団であれば慰霊碑に手を合わせて、まだ慰霊碑がない県の観光団であれば慰霊碑を建てられそうな土地を探す。そうした観光団の方達が、土産物を買いにきてくれてました。土産物と言っても、今みたいに何種類もありませんよ。島酒と黒糖と、琉球漆器と琉球人形。最初はこの四種類くらいでしたね。ちんすこうを売り始めた頃も、今のように包装されてなくて、瓶にたくさん詰めて並べておくんです。それでお客さんが『十個くれ』と言えば、駄菓子屋さんみたいに紙袋に入れて渡してました。今は綺麗に包装されてますけど、最初の頃はビニール袋もなかったからね。島酒だって、瓶詰めされて箱に梱包されるようになったのはずっと後のことですよ。昔は素焼きの壺に入れて、上を藁で括ったものを並べてました」

競合店が少なかったこともあり、「にしきやおみやげ店」はすぐに繁盛した。観光客は朝早くから夜遅くまでやってくるので、八時過ぎには店を開け、夜は日付が変わる頃まで営業していたという。

「昔の観光団の方達は、買っていく数が多かったんです。琉球人形にしても、一個や二個じゃなくて、五個、十個と買っていく方が多かったですよ。『箱は要らないから、人形だけ詰めてくれ』と言われてね。箱にきれいに並べて、お客さんのホテルまでタクシーで届けに行くこともありました。従業員もふたり雇ってましたけど、とにかく忙しかった。朝起きると、ごはんを食べるひまもなく店にきて、とりあえず店をオープンさせて、二階のコンロでごはんを炊いて食べてました。子供の面倒を見ながら働いてましたけど、私が商品を包むのに一生懸命になっていると、いつのまにかいなくなっていて。どこに行ったかねえと探しに行くと、道の端っこで遊んでました。そんなして店を続けてきたんです」

観光団のルートが変わるのは、復帰後のこと。一九七二年、沖縄本島北部にある本部町で沖縄国際海洋博覧会の開催が決まると、急ピッチで開発が進められてゆく。沖縄におけるリゾート開発の先駆けとも言える恩納村のムーンビーチリゾートホテルが開業したのも、一九七五年のことだ。復帰の年に四十四万人だった観光客数は、一九八四年に二百万人を超え、沖縄サミットが開催された二〇〇〇年には四百五十二万人を記録。その頃には国際通りに土産物屋さんが増え始めたという。

「昔は土産物屋が少なかったぶん忙しかったけど、今はたくさんありますからね。うちは創業した当時と同じ建物で営業を続けてますから、素通りして他の店に行く方も多いですよ。私ももう年だから、朝早くから働くと疲れるので、時間を縮めて働いてます。この先、そんなに長く続けようとも思ってないけど、家にいてもつまらないから続けてるんです。ここに立って、通りかかる人を眺めて、ああ、今日も終わったと感じる。その繰り返しですね」

一日を繰り返すごとに、風景は変わってゆく。沖縄を訪れる観光客は増え続け、もうすぐ一千万人に届く勢いだ。かつては焼け野原だった国際通りに、国内外から観光客が押し寄せている。今日はクルーズ船が入港したらしく、札を提げた観光客が行き交っている。五十年後、あるいは百年後には、今とはまったく異なる風景が広がっているのだろう。国際通りを眺めながら、未来の姿を想像する。

台湾素食で朝食を
金壺食堂

沖縄では台湾を身近に感じる。地図を広げると、台湾は鹿児島より近くにある。市場界隈には台湾茶屋や台湾粥の店など、台湾のお店をちらほら見かける。市場界隈に広がるアーケード街から一歩だけ外に出たところに、台湾素食の店がある。「金壺食堂」である。十品目以上が並ぶバイキングが六〇〇円で食べられるとあり、開店時刻の朝八時から多くのお客さんで賑わっている。テーブルは四つだけなので、お客さんは席を譲りあって相席している。

「金壺食堂」を切り盛りする川上末雄さんは台湾生まれ。父・正市さんは宮古島出身で、船乗りをしていた。寄港した台湾の基隆で良子さんと出会い、結婚する。

「うちは六人兄弟なんですけど、兄がいて、姉が四人いて、僕が一番下です。小さいときの思い出で憶えているのは、カモメを捕まえて、籠に入れて飼ってたこと。父親は船乗りなので、出航すると一ヶ月、二ヶ月と留守にしてたんです。最後は船長になっていたので、船が戻ってきたら戻ってきたで、いろんな付き合いで飲みに行かなきゃいけないことが多かったんですよね。それで体調を崩してしまって、それをきっかけに沖縄にくることになったんです」

那覇に移り住むと、家族八人で小さなアパートでの生活が始まる。一九六六年生まれの末雄さんは当時五歳。移り住んだ翌年には小学校に通い始めたけれど、まずは日本語から学ばなければならなかった。言葉を話すのも一苦労で、よく学校から抜け出していた。「まだ小さかったから、あの頃はよく『何でここにきたんだろう』と思ってましたね」と末雄さんは振り返る。

そんな子供達を養うために、母・良子さんは懸命に働いた。先に沖縄に移住していた友人の紹介で、アルバイトをいくつも掛け持ちした。昼は食堂のウェイトレスや民芸品店の売り子として働き、夜は桜坂の飲み屋街に場所を変えて、調理場担当として腕を振るった。

「あの当時は桜坂に飲み屋がたくさんありましたけど、そこに台湾の人が経営している店もあって、母はその裏方で料理を作ってたみたいです。母はかなり苦労したはずだと思います。朝も昼も晩も働いて、夜中に目を覚ましたときにしか母の顔を見ることはなかったですね。母が料理を作り置きして出かけていくこともありましたけど、いつもお姉ちゃんがご飯を作ってくれてました」

末雄さんが那覇に移り住んだのは、沖縄が返還される直前の時期だ。当時は沖縄と台湾のあいだで交易が盛んに行われており、一九七五年には有村産業が那覇と台湾を結ぶ定期便を開設して

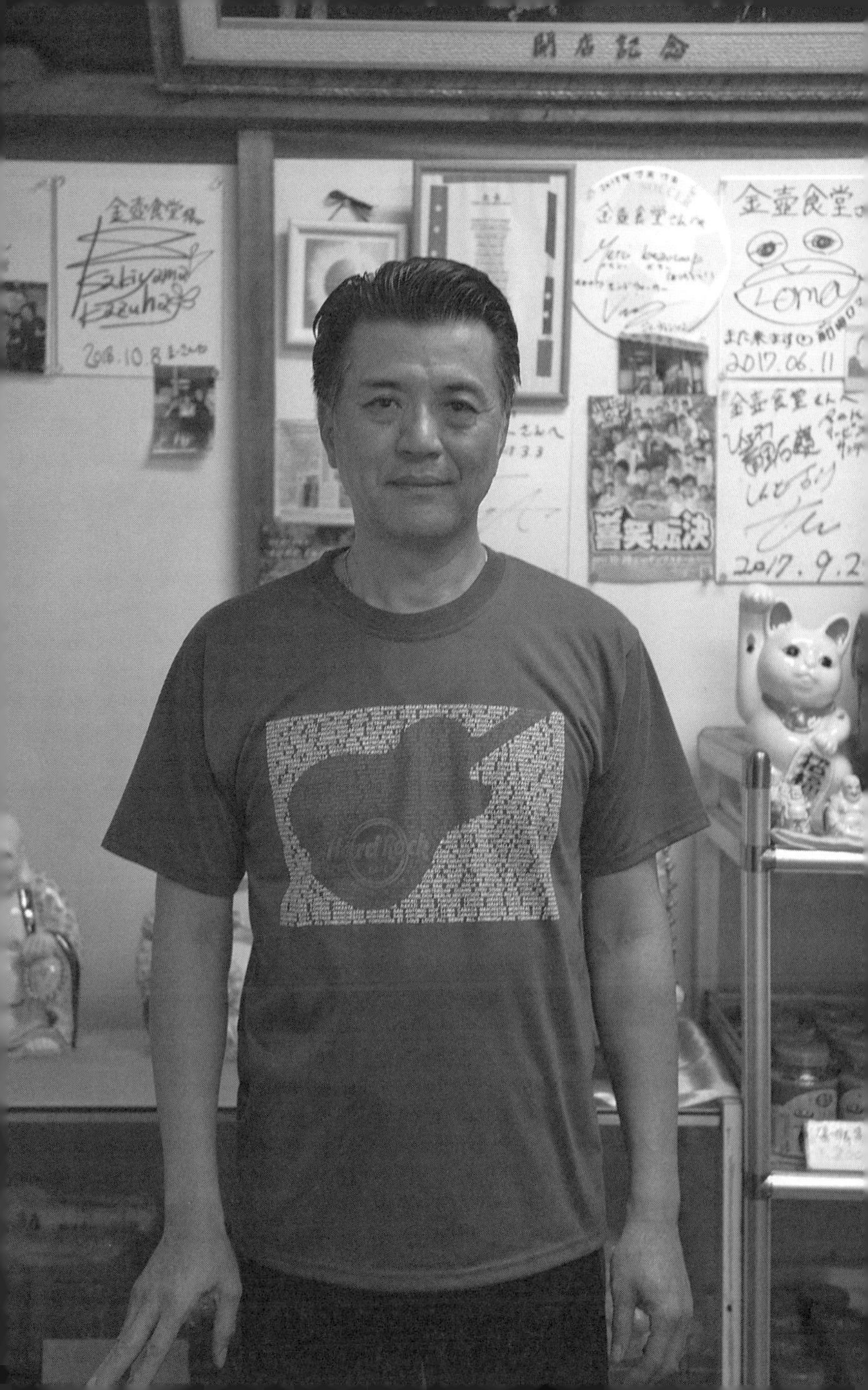
開店記念
2017.06.11

いる。那覇を出て、宮古、石垣を中継し、基隆に至る航路だ。

「あの頃はね、船商売がすごかったんですよ。台湾からの船が毎週のように入ってきて、台湾のものを沖縄に持ってくるとバカ売れしてたんです。うちの母と同じくらいの世代の人達は、平和通りで商売やっている人も多くて、そこで成功してお金持ちになった人もいるみたいですね」

良子さんはアルバイトとして忙しく働きながら、「いつか自分の店を持ちたい」と夢見ていた。そこで選んだのが台湾素食の店だ。

「父が体調を崩したとき、母が作って食べさせていたのが台湾素食だったんです。台湾素食というのは仏教の精進料理に近いんですけど、肉や魚だけじゃなくて、ネギやニラ、たまねぎやニンニク、ラッキョウといった匂いが強い食べ物を使わない料理なので、すごく体に優しいんですね。父はそれを食べて元気になれたから、皆さんにも台湾素食を食べていただきたいということで、この店を始めたみたいです。最初は母と父がふたりで営業してましたね」

一九九一年にお店を始めたとき、最初に反応してくれたのは台湾人のお客さんだ。「金壺食堂」を訪れると、郷里の味が食べられる上に、台湾から輸入された食材も購入することができる。口コミで評判が広がり、台湾人のお客さんで賑わうようになると、次第に日本人のお客さんも増えてゆく。インターネットが普及すると、ベジタリアンでも食べられるお店を検索してやってくる観光客も増えた。ただ、母が始めた「金壺食堂」を継ぐつもりはなかったのだと末雄さんは振り返る。

「高校を卒業するとすぐに東京に出て、最初は自動車メーカーに就職したんです。でも、毎日決まった時間に出勤する仕事が物足りなくなって、数年で会社を辞めたんですよね。そのあとはボーイをやったり、職を転々としてました。あの頃の東京はバブルの真っ盛りで、お金の使い方がド派手な人が多かった。僕もそこで遊んで過ごしてましたけど、このままだと体を壊すなと思って沖縄に帰ってきたんです」

沖縄で選んだ仕事は料理人だ。三越百貨店の地下にある寿司屋で修業したのち、大阪のフランチャイズ店で働いた。すでに「金壺食堂」はオープンしていたけれど、そちらは姉が手伝っていたこともあり、料理人になってからも店を継ぐつもりはなかった。転機となったのは、父が再び体調を崩したこと。父を見舞いに沖縄に戻り、家族と話し合って、末雄さんも母や姉と「金壺食堂」を切り盛りしていく道を選んだ。初めて母と一緒に働いてみると、その仕事ぶりに驚かされたという。

「母は『誰かのために』という気持ちでずっと働いてきた人だから、ほとんど休みを取らなかったんです。その一生懸命さに、ついていけなかったところも正直ありました。お店をやっていると、電気代やガス代がどれぐらいかかるか、やっぱりコストを計算しますよね。当時からバイキングをやってましたけど、何時までと時間を区切らずにやってたんですよ。閉店間際にお客さんが入ってきたら、母はひとりのお客さんのために料理を作り直してました。ひとりであってもお客さんはお客さんですけど、それをやっていたらきりがないんじゃないかと。母の感覚と僕の感覚が合わなくて、しょっちゅう喧嘩してましたね。一度ここを辞めて、ラーメン屋をやってたこともあるんですけど、母が高齢になって『店を辞める』と言ったときにまた戻ってきたんです」

現在「金壺食堂」で提供しているのは、母から引き継いだ料理だ。ただ、「やっぱり母には敵わないですね」と末雄さんは笑う。良子さんが調理する姿を観察して、同じように作ってみても、母の味には勝てないのだという。

「母が調味料をスプーン二杯入れるとわかっていても、僕が二杯入れると味が違うんですよね。母の料理はレシピが決まっているわけじゃなくて、食材を見ながら匙加減を変えるんです。バイキングに出す料理も、今は十五種類くらいですけど、母はもっと品数を出してました。『金壺食堂』が今日まで続いてきたのは、母の努力の賜物です。いろんな人に頭を下げて、いろんな人に良くしてあげて。それで人が人を呼んで、今もお客さんが食べにきてくれるんだと思います」

「金壺食堂」で人気なのは、ちまき。具材は大豆にしいたけ、それに〝お肉〟がたっぷり入っている。頬張ると口の中にジューシーな香りが広がるけれど、これは本物のお肉ではなく、大豆から作った〝お肉〟である。当初はもち米だけを使った普通のちまきを出していたけれど、北海道のお客さんからもらった黒米を混ぜて作ってみたところ、これが評判を呼んだ。今では看板メニューの一つとなり、テレビで紹介される機会も増えた。「金壺食堂のちまきを取り扱いたい」と業者から依頼の電話がかかってくることも多いけれど、すべて断っているのだという。

「朝の八時に店を開けようと思うと、五時には店に来ないと間に合わないんです。ちまきの注文がたくさん入ってる日だと、四時には仕事を始めますね。うちは八時に店を開けて、バイキングは午後二時半まで、お店は夕方四時で閉店なんです。『なんでそんなに早く閉めるの』と言われることもあるんですけど、店を閉めたあとも片づけや仕込みがあるので、この時間が限界なんです。ちまきも、たくさん作ればそれだけ儲かるかもしれませんけど、寝る時間を削らなきゃいけなくなる。うちの姉と話し合って、一日一日生活できればいいじゃないかと、欲のない程度に続けています」

仕事を終えて家に帰ると、ゆっくり音楽を聴いて過ごす。「僕も五十三歳になるので、最近は静かな曲を聴くことが増えました」と末雄さんは語る。お気に入りは松山千春の「大空と大地の中で」。良子さんは八十二歳まで働き続けたので、少しでも母に近づけるように、あと三十年店を続けることが目標だという。「母には勝てないと思いますけど、でも、お客さんが『おいしかった、ありがとう』と言ってくれる、その言葉を一日でも長く聞いていたいですね」

取材を終えた翌日、末雄さんは僕をバーへ連れて行ってくれた。そこはカラオケの歌える店だった。末雄さんの歌う「大空と大地の中で」を聴きながら、訪れたことのない港町の風景を想像する。

那覇に安宿がなかった頃

ゲストハウス柏屋

市場界隈はアーケードが張り巡らされている。国際通りから市場本通りを入れば、市場を通り過ぎ、市場中央通りに名前が変わってもアーケードは続いているけれど、浮島通りにぶつかったところで途切れる。かつて那覇は「浮島」と呼ばれており、十五世紀までは名前の通り島だったけれど、のちに埋め立てられて地続きになった。そんな名前を冠した浮島通りに、「ゲストハウス柏屋」はある。

「俺が沖縄にきた頃だと、ここらへんは台湾人の人達がいっぱい住んでいるところで、中国語をしゃべる子供がかけまわってる光景をよく見ましたよ」。オーナーの関根博史さんは、火鉢に当たりながらそう教えてくれた。

博史さんは一九七〇年、東京は秋葉原に生まれた。初めて沖縄を訪れたのは元日で、冬でも我慢すれば海に入ることができて、その暖かさに驚いたという。町の電気屋にコタツやストーブが並んでいるのを目にしても、まさか沖縄の人達が使っているとは思わなかったそうだ。「でも、身体は環境に慣れるもので、僕も火鉢に当たるようになったし、冬の海には入らなくなりました」と博史さんは笑う。

「最初にきたのは二十三歳くらいのときで、一週間くらい沖縄にいて、そのままフェリーで台湾にでも行こうかと思ってたんです。でも、何も知らずに沖縄にきてみると、カルチャーショックが大きくて。当時は沖縄にゲストハウスはなくて、最初は連れ込み宿に泊まってたんです。国際通りで道売りの人達——海外で仕入れたアクセサリーや自作のアクセサリーを路上で売ってる人達——に安宿はないかと尋ねたら、十貫瀬《じっかんじ》という場所を教えてくれて。今はほとんど駐車場になってるけど、あそこはもともとゲットーみたいなところで、区画整理されてない状態の瓦屋やトタン屋が入り組んで建ってたんです。そこに住んでいる人もいれば、スナックみたいな小さな店もあるし、あちこちに女性が立っていて。そこに一泊二〇〇〇円で泊まれる連れ込み宿があって、四畳半ぐらいの部屋の真ん中に、キングサイズのベッドがドーンと置いてあって、ほとんどベッドで埋まっていて。赤い裸電球がぶら下がっていて、ティッシュと屑籠だけが置いてあるような部屋だったんだけど、それも面白かったんだよね」

当初は一週間の滞在で済ませるつもりだったけれど、「とりあえず一年間過ごしてみよう」とアパートを借りることに決めた。アルバイトでお金を稼ぎながら、いろんな場所に遊びに行き、少しずつ沖縄に触れてゆく。

「沖縄はあちこちに良い感じの砂浜があるんだけど、飲み屋さんというのは砂浜から道路を挟んだ向こう側にしかなくて。ビーチの敷地内にバーがあれば、砂浜に寝転んで飲んだりできるようになると思ったわけですよ。でも、砂浜に店を出すには色々制限があるから、車を改造して移動式のバーをやろうと。移動式にすれば、恩納村のビーチや、糸満のジョン万ビーチ、百名海岸、那覇の波の上ビーチ、北谷あたりの人工ビーチと、日替わりでいろんな場所に出せるじゃないですか。そんなことをバイト先で話してたら、常連のおばちゃんが勘違いして、『良い物件があったわよ』と飲み屋の物件を紹介してくれたんですよ。それが桜坂の物件だったもんだから、それはそれで面白そうだなと。当時の桜坂は、十貫瀬と同じで、電柱ごとにおばさんが立ってて、『お兄さん、遊んでかない?』と声をかけられるようなところで。戦後の歓楽街の雰囲気がそのまま残っていて、戦後間もない頃のホステスが今もなおホステスをやっているような店もあって、ちょっと面白そうだなと思ったんです」

紹介されたのは木造二階建ての瓦屋、焼き鳥屋の居抜き物件だった。十人掛けのカウンターがあり、地面に固定された椅子が並んでいたけれど、そのうち三つは壊れていて、カウンターも腐って途中で崩れている。ボロボロの物件だったけれど、それもまた一興と、博史さんは物件を借りることに決めた。内装を自分で手がけ、桜坂社交街の入り口で「スージーハウス」という名前の

BOB MARLEY

groove
灰皿は
吸い殻入れで
ある故に
チリを入れらば
火の手上がらむ

飲み屋をスタートさせる。

「沖縄にきて半年くらいでしたけど、商売を始めるからには、一時滞在じゃなくて永住を始めた気持ちになってましたね。店をオープンすると、すぐにお客が一杯くるようになって。椅子が七つじゃ足りないからビールケースを椅子代わりに置いて、それでも足りなくなって立ちのお客が出て。店の中がパンパンになったから、通りに面した場所に焼き台があったんだけど、その焼き台の前にベンチを置いて。そうしているうちに秋になって、日本酒が恋しい時期になって、『日本酒を飲みながら、炙った魚が食いたいね』と七輪を持ってきて秋刀魚を焼いてたら、今度は七輪のまわりに人の輪ができたりして。そんな感じの店が他になかったから、すぐに流行りましたね」

あまりの繁盛ぶりに驚いたのは大家さんだ。廃墟同然だからと格安で貸したものの、賑わう様子を見て惜しくなったのか、賃貸契約は一年で打ち切られてしまう。同じ桜坂で物件を借りられないかと探してみたけれど、当時の桜坂には再開発の話が持ち上がっていたこともあり、空き家はたくさんあるのに借りられる物件が見つからなかった。しばらくアルバイトで食い扶持を繋いでいたところに、「波の上ビーチの近くに空き店舗がある」という話が転がり込んできた。最初にやりたいと思っていたのは海辺のバーだったこともあり、この物件を契約することに決めた。

「まずは一階を改装してバーとして営業を始めたんだけど、二階の部屋が余ってたんですよ。それをどうしようかと考えたときに、自分が沖縄にきたときも連れ込み宿に泊まるしかなくて苦労したから、だったらゲストハウスにしてしまえと。沖縄で最初にアルバイトしたのがリサイクル屋だったもんで、二段ベッドや布団はもらえたんですよ。『お客さんが使う流し台がこのへんに欲しいな』と思ったら、撤去された流し台をもらってきて、改造して設置して。実家が水道屋なもんだから、水まわりや電気系統は自分でやれるもんだから、手作りで準備したんです。そうやってゲストハウスをオープンするとき、名前なんて何でもよかったんだけど、実家が『柏屋』という屋号だったもんだから、ゲストハウスに『柏屋』とつけることにしたんです」

博史さんは旅行好きではあったものの、バックパッカーを名乗れるほどあちこち出かけた経験があるわけでもないという。ただ、海外に「ゲストハウス」と呼ばれる安宿があることは知っていたので、ゲストハウスとして「柏屋」をオープンさせた。その当時――九〇年代半ば――の沖縄では、まだゲストハウスは珍しい存在だった。

「俺が若狭で『柏屋』を始めた次の年に、『月光荘』がオープンしたんですよ。そのあとに、港に近い場所に『沖縄ゲストハウス』ができて、ゲストハウスっていうのはその三店舗しかない時代がしばらくあって。俺らがやっているのを見て、地元の人達は『一泊一五〇〇円じゃあ利益が上がんないよ』とか、『二段ベッドの相部屋なんて、泊まるやついないよ』と言っていて。そうですかねえ、泊まってもらえたらいいんだけどなあなんて言いながらやってたんですけど、実際に三軒のゲストハウスがうまくいってる様子を見て、物件を持ってる人達がゲストハウスに改装し始めたんです。『アパートとして貸すと月に三万円にしかならないけど、一つの部屋に六人泊めて一五〇〇円取れれば、月に何十万だよ』と。それで一気にゲストハウスが増えたんですよね」

市場界隈には、ゲストハウスが無数に点在している。那覇市の観光統計によれば、二〇一一年には三十一軒だった那覇市内のゲストハウスは、二〇一六年には四十九軒にまで増加している。

沖縄を訪れる観光客は、那覇市を素通りして、綺麗な海を目指して北上することが多かった。でも、安く滞在できるゲストハウスが誕生したことで、市場界隈に滞在する旅行客が増え、公設市場が観光地として再発見されたのだろう。「柏屋」は、当初は波の上ビーチにほど近い若狭で営業していたけれど、二年ほど経ったところで現在の場所に移転している。

「若狭で店を始めた頃は、沖縄ではまだゲストハウスが珍しかったこともあって、国際通りで道売りしている子達が『柏屋ってとこに行けば安く泊まれる』と教えてくれてたみたいなんですよ。あとは船が入る時間に港に行って、タラップから降りてくるお客に『安い宿ありますよ』なんて声をかけてみたりね。当時はバックパッカーが多くて、予定を決めずにきてる人がほとんどだったんですよ。だから『今度、皆でキャンプに行くんだけど』って話になれば、泊まってる子達は『一緒に行く』となってたんだけど、今はスケジュールがしっかり決まったタイプのお客が増えていて。それで大変なのは農家さんで、さとうきびやパイナップル農家の人達から『今年も人手を集めたいので、二ヶ月限定で働いてくれる人がいたらよろしくね』と毎年言われて、昔はゲストハウスで募集をかければ『じゃあ俺が行く』って人がいたんだよね。でも、今の子達はチェックインとチェックアウトをきっちり決めてるから、そういう貼り紙があっても反応する人が極端に少なくなってるね」

時代が変われば、風景は変わってゆく。市場界隈の移り変わりを、博史さんはどう見つめているのだろう？

「俺自身もいろんな国を旅して、各地の市場に顔を出してみるんだけど、そのときに感じることっていうのはね、まずワクワクするんですよ。だだっ広いところに店がずらりと並んでいて、それぞれの店舗に物がドバーッと並んでいる。俺はワクワクしないと市場じゃないと思ってるんですけど、観光立県を掲げる沖縄のセンターにある公設市場であれば、お客がワクワクする場所じゃないと駄目だと思うんですよ。建物というのは三十年、四十年はもつわけだけど、三十年、四十年後の時代がやってきたときにもナウくないと。本当に観光立県を目指すのであれば、この先々にやってくるお客が『面白い！』と思える場所になっていくといいなと思うんですよね」

「ここから先は、たとえばの話だけど」。そう前置きして、博史さんは三十年、四十年後の未来にふさわしい市場の姿を話してくれた。「お酒を飲みながら、うちに泊まってくれるお客とこんな話をしているのが一日の楽しみですね」。博史さんはそう話を締めくくったけれど、火鉢を囲んでお酒を飲み交わしながら、博史さんが語る未来予想図をいつまでも聞いていたくなる。

沖縄・せんべろ文化の震源地

足立屋

夜も明け切らぬうちから、赤提灯に火がともる。路地を入った角にある「大衆串揚げ酒場 足立屋」は、毎日朝六時から営業している。灯りがつくなり、どこからともなくお客さんがやってきて、お酒を飲み始める。

「朝から一杯になるから、結構忙しいですよ」。ビールを注ぎながら、北夏子さんが教えてくれる。「世の中には職種も業種もたくさんあるから、夜に仕事をしている人も沢山いて、仕事が終わって朝に飲みたい人も多いんでしょうね」

「足立屋」のメニューを手に取ると、頭に「東京下町の味」と書かれている。その言葉通り、大書されているのはホッピーセット、電気ブラン、コダマバイスセット、日本橋ビールの四つ、いずれも東京の酒だ。そのせいか、もともと東京で始まったお店だと勘違いされることもあるけれど、「足立屋」は宜野湾で始まったお店で、取締役の當山拓真さんは沖縄出身である。

足立フーズが経営する「足立屋」は、沖縄県内だけで八店舗を数える。北は名護から南は糸満までお店があり、沖縄市のパークアベニューと呼ばれる通りには「大衆劇場 足立屋」がある。二〇一六年二月にオープンしたこのお店は、屋台村のような佇まいだ。コの字型のカウンターが六つ並んでおり、串揚げ、鉄板焼き、中華など、屋台ごとに特色のあるツマミを出している。その風景は、小さな芝居小屋が並んでいるようにも見える。

「パークアベニューは、僕が生まれた頃にはシャッター街になってましたね」。そう語る當山さんは一九九〇年生まれ、沖縄市胡屋の出身だ。この一帯はかつてコザと呼ばれていた。コザは基地の街として栄え、米軍相手のバーが数多く存在した街だ。そこで生まれ育った當山さんが大衆酒場を始めたのはなぜだろう？

「中学を卒業したあと、学校に通うよりは仕事をして稼いだ方がいいんじゃないかと思って、十五歳のときに東京に出たんです。十五歳が沖縄で仕事をしようとすると、最低賃金が当時六〇八円だったんですよね。それまで東京に行ったことがあったわけでもないんですけど、母の弟が東京の赤羽に住んでいたので、『東京に行けば時給一〇〇〇円ぐらいはもらえるんじゃないか』と思い描いて上京したんです。でも、まあ現実は全然違いましたね」

いざ東京に出てみると、時給一〇〇〇円どころか、十五歳の當山さんを雇ってくれる職場すら見つからなかった。それでも根気強く仕事を探していると、半蔵門にある居酒屋で雇ってもらえることになった。都心のオフィス街にあり、放送局やスタジオも隣接するため、大企業の重役や芸能人がお客さんとして訪れることも多かったという。

「そこで働いているうちに居酒屋というものを深く知るようになりましたけど、最初はお客さんに丁寧な接客をするのが飲食店だと思っていたんです。自分も酒場で働いていると、赤羽の大衆酒場のことも気になるようになって。通りかかったときに外から様子を窺っていると、どうも雰囲気が違っていて。お店のおばちゃん達が『何飲むの、早く決めてよ！』と怒ってたりするんだけど、いつも賑わっていたんですよね。丁寧な接客というわけでもないんだけど、だけどお客さんの顔はきちんとおぼえているみたいで、きちんと人間関係ができていて、粋な感じがする。それで大衆酒場のことが気になり始めたんです」

叔父の家が赤羽にあったことがきっかけとなり、當山さんは大衆酒場に惹かれてゆく。二〇一二年には郷里である沖縄に戻ると、アルバイトでお金を貯めてコンテナを借り、北谷で酒場を開店する。名前は「ＮＯＷ」、広さはわずか二坪の店だ。オープン翌日、ひとりの男性客がやってきた。聞けば、その男性も近くで大衆酒場を営んでいるのだと言う。その大衆酒場というのが「足立屋」だった。

「その人は永田明さんという人で、足立区出身だから『足立屋』という名前の店を沖縄でされていたんです。ただ、足立区と言っても北千住より赤羽のほうが近かったらしくて、永田さんも赤

煮込み
大衆串揚げ
酒場
大衆串揚げ
酒場
足立屋

350 400 400 300 300 400 350 300
さきいか天
450
厚揚豆腐
海老天
ナス天
串揚
足立屋、
ZANPA
足立屋×
夢ハイス
HOLIDAY VOL.11
辛口
神聖
からくち
淡麗辛口
450円

羽の大衆酒場に通ってたらしいんですよね。それでいつも赤羽の話で盛り上がって。僕も『足立屋』に飲みに行くし、永田さんもよく『NOW』に来てくれてたんです。でも、僕が店を始めた半年後ぐらいに『足立屋』が一回閉店しちゃって。永田さんからは『あの場所で店をやってくれないか』と相談を受けていて、最初はお断りしてたんですけど、沖縄に大衆酒場を浸透させましょうってことで、僕が『足立屋』をやり始めたのが二〇一三年十月四日です」

そうして再始動した「足立屋」だが、すぐに繁盛したわけではなかった。「NOW」は二坪だからひとりで切り盛りできたけれど、宜野湾にある「足立屋」は広く、當山さんの弟や「NOW」の常連客に手伝ってもらいながら営業を始めた。最初のうちはお客さんが片手で数えられるほどしかやってこない日もあったけれど、次第に地元のお客さんに浸透してゆく。月商も安定し、従業員も増えてきたところで持ち上がったのが「那覇に店を出そう」という計画だ。

「最初のうちは永田さんとふたりで『那覇で店を出すならどこがいいですかね』と話してたんですけど、不動産情報を見ていたら良い物件が見つかって、それがサンライズなはから一本入った細い筋道にある一〇坪ぐらいのプレハブだったんです。裏路地感もあるし、そこを借りようと思って足を運んでみると、水道も電気も通ってなかったんです。そこに水道と電気を通すには相当なコストがかかると言われて、途方に暮れて。『近くに有名なそば屋さんがあるみたいだから、そばでも食べて帰ろう』と、永田さんとふたりで『田舎そば』に食べに行ってみたら、向かいの物件に『貸します』と書かれてたんです。携帯電話の番号も書いてあったから、すぐに電話して、今の場所で那覇店をスタートすることになったんです」

「那覇店がオープンした頃は、このあたりは夜になると真っ暗で、ほとんどシャッター街でしたよ」。北夏子さんはそう振り返る。彼女は足立フーズの統括部長として仕入れや労務を担いつつ、「大衆串揚げ酒場 足立屋」で働いている。

「私は沖縄出身なんですけど、當山さんは中学の一個上の先輩だったんですよ。そこから私は東京の大学に進んだんですけど、私は大衆酒場というより、クラブとかで遊んでました。それで、結局東京で就職せずに沖縄に戻ってきたんですけど、宜野湾の『足立屋』に飲みに行ってみると、すごく楽しそうだなと思ったんですよね。そこは全席カウンターで、ワイワイ賑やかで、ひとりで飲みにきても寂しくないなと思ったんです。あとは模合《もあい》のとき。模合っていうのは沖縄に昔からあるんですけど、仲良いメンバーが集まって、一万円なら一万円ずつ出し合うんです。そこで集まったお金を、今月は私、来月はまた別の誰かが全部もらう。結局はプラマイゼロなんですけど、まとまったお金が必要なときには助かりますし、皆が集まって飲む理由にもなっていて。その模合があるときにも、中学の先輩がお店やってるからってことで、よく『足立屋』を使ってましたね」

お客さんとして通っているうちに、「足立屋」で働かないかと誘われ、最初はアルバイトとして働き始めた。それからほどなくして、那覇店のオープンが決まる。

「今は飲み屋が増えてますけど、このあたりに飲み屋なんてなかったんですよ。『せんべろ』なんて言葉は浸透してなかったし、昼から飲む文化もなかったし、立って飲む文化もなくて。沖縄はお酒が好きな人は多いですけど、泡盛をボトルで注文して、畳に座って五、六時間飲む——そんな飲み方が多かったんです。だから、那覇に店を出したときも『沖縄の人は立って飲まないよ』と言われたり、『前払い制はめんどくさい、小銭を持ってこなきゃいけないの？』と言われたりすることも多かったですね」

最初のうちは閑古鳥が鳴き、隣の「田舎そば」に余った椅子を貸し出すほどだった。ただ、オープンから一ヶ月が経過した頃から、お客さんが増え始める。最初に反応してくれたのは、牧志公設市場から一キロほど離れた場所にある栄町市場で飲み屋を営む人達だ。当時の「足立屋」は十二時から営業していたこともあり、同業者の人達が沖縄では珍しい営業形態を面白がってくれて、自分のお店を開ける前に飲みにきてくれるようになったのだという。

「今でこそいろんなお店で飲めますけど、沖縄でホッピーを飲んだことある人なんて、ほとんどいなかったと思いますよ。遠い昔に集団就職で東京に出て、今はこっちに戻ってきてるお客さんが懐かしがって飲むことはありましたけど。ホッピーの〝中〟はキンミヤを使ってますけど、その当時は沖縄の酒屋でホッピーやキンミヤを売っている店なんてなくて、通販で取り寄せてたみたいです。それが今や、キンミヤ焼酎の売り上げは、東京に次いで沖縄が二位らしくて。永田さんや當山さんの考えとしては、『沖縄の人達がこれまで触れることのなかった東京の商品を引っ張ってきて提供する』っていうことがあるらしくて、最近はバイスサワーも出すようになりましたね」

「足立屋」はホームページを作成していないけれど、評判が口コミで広まり、昼からお酒を飲みたかった人や仕事帰りのサラリーマンで賑わい始める。そうなってくると問題となるのがトイレ。那覇店にはトイレがなく、立小便をする客が出始めてしまう。近隣からの苦情もあり、徒歩数十秒の距離にある小さな物件を借りることになった。そこをただトイレだけに使っているのはもったいないということで、ここに那覇二号店となる「大衆角打ち酒場 足立屋」をオープンする。那覇一号店と差別化を図るべく、こちらは洋食のツマミを提供する店としてスタートしている。

「会議をするとき、永田さんと當山さんは完全に客目線なんです」。夏子さんはそう笑う。「ふたりが『こんな店があったら飲みに行きたい』って話をして、それがどんどん形になっていくんです。お店を作るときも、座ったときに机の高さとか、おしぼりの質感とか、そんな話が多いんです。あとはやっぱり、安くて美味しくて、注文が入ればすぐに提供する。それはずっと言ってますね。どこよりも安くないといけないし、どこよりも美味しくないといけないし、料理も早く出して、それでいて粋な店にしよう、と」

　初めて「足立屋」を訪れたときのことを思い出す。壁にはメニューが書かれた短冊がびっしり貼られている。日に焼けた短冊もあれば、最近追加されたのだろう、まだ白さを保った短冊もある。そんな短冊に混じり、「商標登録 足立屋 千ベロ」と書かれた封筒が張り出されていた。探るような気持ちで「千ベロって言葉、商標登録されてるんですね」と尋ねたところ、店員のお兄さんは「いやいや、商標登録しているのは『足立屋です』と笑って、「せんべろって言葉は、中島らもさんのものですから」と口にした。

「せんべろ」とは、「千円でべろべろになれる店」を略した言葉だ。最初は中島らもさんが友人達と使っていた〝身内言葉〟だったけれど、中島らもさん、担当マネージャーである大村アトムさん、編集者の小堀純さんが飲み歩く連載「〝せんべろ〟探偵が行く」が二〇〇一年に始まり、今ではいたるところで耳にするようになった。公設市場界隈にも、今ではせんべろセットのある店が溢れている。そこで「せんべろって何ですか?」と尋ねたとき、「千円でべろべろになれるって意味です」と答えるお店は多いだろうけれど、店員さんの口からさらりと「中島らも」という言葉が出てくる店は少ないだろう。ちなみに、「足立屋」のせんべろセットは、お酒三杯にツマミが一品ついて千円である。

「ここの店を初めて変わったなと感じたのは、私達が説明しなくても、お客さんから『せんべろでお願いします』と言われたときですね。最近だともう、『とりあえず生で』ぐらいの感じで、『とりあえずせんべろで』と言われますからね。それに関しては、この界隈に一つの文化を定着させたなと思っています。昼飲みっていう文化も定着させたと思うし、立ち飲みっていう文化も定着させたと思います。うちの客単価は一二〇〇円から一三〇〇円ぐらいだから、毎日来てくれる常連のお客さんも多いですね」

「大衆串揚げ酒場 足立屋」がオープンして五年が経とうとしている。この五年のあいだに、市場界隈には数えきれないほど酒場が増えたけれど、當山拓真さんはそれを好ましく思っているという。

「この界隈は、日本全国でも珍しい場所だと思うんです。昼間でも薄暗い路地があって、そこを雨に濡れずに歩くことができる。そこに一軒だけ店があっても駄目だと思うんですよね。酒場がたくさん増えて、個人店が協力しあって今の風景があるってことが伝わると、沖縄の観光名所の一つになってくると思うんです。そういう集合体としての魅力を、半径五キロぐらいの規模で作っていきたいなと。もちろん『酔っ払いが増えるのは不安だ』という方もいらっしゃるとは思うので、モラルを持ってお酒を楽しむお客さんが増えて欲しいですね。今はお店が増えてますけど、それぞれのお店に特徴があるんです。たとえば『足立屋』ではモツ煮込みやはまぐりをツマミにバイスサワーを飲んで、『パーラー小やじ』に移動して日本酒を飲む。そうやってきれいにハシゴ酒を楽しめる街になれば、近隣の方達も納得してくれるし、もっと魅力のある街になるんじゃないかと思います」

市場の建て替えを目前に控えた平成最後の春、市場界隈を歩けばいたるところで工事の音を耳にした。路地を抜けて「足立屋」にたどり着き、まだ明るいうちから生ビールを注文する。これから先、市場界隈の風景はどんなふうに変わってゆくのだろう。

「いろんなことが変わっていくんでしょうけど、この風景はずっと変わらないで欲しいですけどね」。生ビールを運んできてくれた夏子さんが言う。「なんていうか、五十年とか百年とか、『足立屋』はこのままずっとあり続けて欲しいんですよ。店も続いていて欲しいし、味も変わらないで欲しいし。お客さんも、子供とか孫とか、どんどん代が移り変わったとしても、足立屋に足を運んで欲しい。どこに飲みに行くにしても、『まあ、とりあえず足立屋で』と思ってもらえる店でありたいですね」

ビールを三杯飲み干して、ごちそうさまでしたと告げて店を去る。これから何軒ハシゴできるだろう。そんなことを考えながら、今日も路地を歩く。

飲み屋を始めた三代目
肉バル 透

「大衆串揚げ酒場 足立屋」がオープンしてからというもの、市場界隈の風景は様変わりした。夜になれば人通りが消えていた路地に赤提灯がともり、飲み歩くお客さんで賑やかになった。何十年と市場で働く店主達に話を聞いていると、「せんべろの店が増えたおかげで、仕事終わりの楽しみが増えました」と口にする方が数多くいた。こうした時代の潮目にあって、新しい業態に乗り出した店がある。一九六八年に創業された「丸高ミート」だ。

「私は那覇で生まれたもんですから、小さい頃から市場の雰囲気は見てましたね」。岩切進さんは昭和三十三年生まれ、「丸高ミート」の二代目店主である。「あの頃の市場はとにかく賑わっていて、公設市場の中だけじゃなくて、ちょっとした隙間を見つけて座っているおばあちゃんがいて、野菜や乾物を売っていたんです。自分で作った野菜を田舎から運んできて、軒先を間借りして売っていたんですよ」

那覇で生まれ育った進さんだが、十八歳のときに実家が北谷に引っ越すことになる。高校を出ると、進さんは宜野湾にある中古車店で働き始める。二十四歳のときに清美さんと結婚し、それを機に「丸高ミート」で働くようになる。

「この『丸高ミート』という店を創業したのは、高良正幸さんという方で、家内の叔父にあたる方だったんです。肉屋をしているのは小禄の人が多いんですけど、この方も小禄出身でしたね。高良という苗字の『高』をとって、『丸高ミート』と名づけたみたいです。私は長男だったものだから、結婚してからも北谷の実家にいて、そこから市場まで通ってました。ただ、北谷から牧志まで一時間かかるから、朝が大変だったんですよ。沖縄には行事がたくさんあって、行事のときにはお肉を使うから、お盆や旧正月になるとものすごく忙しくて。これは大変だということで、一時間多く眠るために那覇に引っ越したんです」

昭和六十一年に次男の透さんが生まれると、店主の高良正幸さんから「うちを継ぐか」と提案され、店名を変えずに「丸高ミート」を引き継ぐことにした。三十年以上にわたって肉屋で働いてきた進さんに転機をもたらしたのは、偶然目にしたテレビ番組だ。

「今から五年ぐらい前に、鹿児島の居酒屋さんがテレビで取り上げられていたんですよ。そこはマグロをまるごと一本買ってきて、これを解体してお客さんに振る舞っていたんですよね。これを観たときに、『ああ、自分もこんなことをやってみたい』と。うちは肉屋だから、ここで取り

扱っている肉を使って、飲み屋ができたら面白いんじゃないかと思ったんです。でも、仕事が大変だからと家内に反対されて、実現できずにいたんですよね」

進さんの次男・透さんは、北谷で生まれた。ただ、北谷の記憶は残っておらず、物心がつく頃には「丸高ミート」の上にあるアパートに暮らしており、市場界隈の風景の中で育った。

「今は飲食店が増えてますけど、その当時は飲食店というのは少なくて、このあたりは果物屋さんや野菜屋さん、乾物屋さんや魚屋さんが並んでましたね。そこの角には小さな総菜屋さんが軒を連ねていて、バイクでは通れないほど人通りがありました」

小さい頃から家業を手伝っていた透さんだが、自分が肉屋を継ぐということを意識したことがなかったという。高校卒業後すぐに「丸高ミート」で働き始めたわけではなく、安謝《あじゃ》にある結婚式場に就職している。

「僕はサッカーをやっていたので、小さい頃の夢は『サッカー選手』と書いていて、肉屋を継ぐということは考えてなかったですね。高校を卒業したあと、大学にいくつもりはなかったので、結婚式場に就職して、厨房で働いてました。沖縄の結婚披露宴というのは、中華料理を出すことが多くて、酢豚やエビチリをよく作ってましたね。そこで働いているうちに、自分で店をやってみたいと思うようになって。親父が飲み屋をやってみたいと言っていたので、『会社を辞めるから、一緒にやろうか』という話をしたんです」

進さんが「飲み屋をやりたい」と切り出したときは断った清美さんだが、次男である透さんの申し出はすぐに了承してくれた。こうして二〇一五年、透さんは「肉バル 透」をオープンする。どのぐらいお客さんが入るか不安だったこともあり、肉屋の軒先にテーブルと椅子を並べて、「肉バル 透」はこじんまりとスタートしている。

「せんべろの店はたくさんありますし、泡盛を飲ませる店はたくさんあるので、うちはウィスキーをメインにしたバルで勝負しようと思ったんです。僕自身、泡盛はあんまり飲まないから、ウィスキーを豊富に揃えた店にしようと。前の職場で中華を学んだこともあって、シュウマイや油淋鶏も出してるんですけど、肉屋だから良い肉を安く提供できるんです。これが強みですね」

「肉バル 透」は口コミで評判が広がり、二〇一七年には向かいにある漬物屋さんの跡地を借りて、独立した店舗として営業を始めた。地元のお客さんが六割、残りの四割は観光客だけれども、観光客の中にもリピーターが多くいて、お客さんは「透、ハイボールお代わり!」と名前を呼んで注文している。

透さんは今、「肉バル 透」を切り盛りしながら、三代目として「丸高ミート」の仕事をおぼえているところだ。父・進さんは、朝から「丸高ミート」で働きながら、夜はバルを手伝っている。昔から続いてきたものと、新しく始まるものが折り重なっていく。それを繰り返して、市場の風景は紡がれてゆくのだろう。

市場界隈には、戦後が続いているんです

那覇市第一牧志公設市場組合長
粟国智光さんに聞く

――那覇市第一牧志公設市場は、二〇一九年六月十六日に現在の建物での営業を終えて、建て替え工事に入ります。市場の建て替えは、いつ頃から議題に上がっていたんですか？

粟国　建て替えの話は、平成十八年頃からあるんです。耐久性の問題が出てきて、そろそろ建て替えを考えないといけないねと話してはいたんですけど、まったく新しい建物を建てようという意見もあれば、今の建物をリノベーションすればいいんじゃないかという意見もあって、話がまとまらなかったんです。話が進む大きなきっかけになったのは、熊本の地震でした。あのとき、被災して崩壊してしまった市役所もありましたよね。公設市場というのも公共施設ですから、やはり安全性を重視しなければということで、建て替える方向で話が動き出しました。

――平成が終わる年に、現在の建物での営業を終えることになるわけですけど、この三十年のあいだに市場界隈の風景もずいぶん変化したのではないかと思います。今、公設市場には国内外か

ら観光客が訪れてますが、これも平成に入ってからのことだと聞きました。

粟国　そうですね。平成に入る頃には地元のお客さんが減り始めて、どうやって盛り上げようかと話し合ったときに、公設市場を中心とした一帯には独特な雰囲気があるということで、観光スポットを目指そうと官民一体の取り組みが始まったんです。平成が始まったときにはまだ首里城もゆいレールもありませんから、観光客は那覇を素通りして、リゾートに出かけてたんです。どうにかして観光客にきてもらおうと、一階で買った食材を二階の食堂で食べられる〝持ち上げ制度〟というのを導入して、少しずつ観光客が増えてきたんですけど、その時期が一つの分岐点だったと思います。

――現在市場がある場所から百メートルほど離れた場所に、仮設市場が建設されています。七月一日からはこの仮設市場で営業が始まるわけですけど、どれくらいの数のお店が仮設市場に移って営業を続けるんですか？

粟国　現在のところ、八十五店舗の市場事業者が仮設市場で営業を続ける予定です。

――牧志公設市場が開設されたのは一九五〇年のことで、七十年近い時間が経過しています。店主の方が高齢になって、このタイミングで店を閉じる方もいらっしゃいますね。

粟国　二代目、三代目に移り変わっている店もありますけど、「自分の代で終わり」という方もいます。七十代、八十代の方は、苦労して商売をされてきたんですよ。自分が難儀したことを子供達に経験させたくないということで、家業を継がせない方もいるんです。

「先輩からは、『とにかく歴史を学ばないと』と言われました」

――そんな中で、粟国さんは「山城こんぶ店」を継がれています。どうしてお店を継ごうと決心されたんですか？

粟国　僕もはじめは店を継ぐ予定じゃなかったんですよ。ただ、祖父が亡くなってしまって、誰が継ぐのかとなったときに、五人兄弟の長男だということもあって、自分がやることにしたんです。「山城こんぶ店」があったから、僕達はそれなりの生活もできているし、小さい頃から仕事の手伝いはしていたんですよ。長年やっている家業ですし、昔から通ってくれているお客さんもいるので、これを潰したら大変だと。戦前の那覇には東町市場というのがありまして、その時代から市場には昆布屋さんがあったんですよね。公設市場は沖縄の食を支える場所ですから、昆布屋さんがあるのとないのとでは違ってくる。それで店を継ぐことにしたんです。

――「はじめは店を継ぐ予定じゃなかった」ということは、何か他にやりたいことがあったんですか？

粟国　僕はですね、学芸員になりたかったんですよ。最初は戦国時代に興味を持って、歴史が好きになったんです。そのうち近代史に関心を抱いて、沖縄戦のことを調べたり、先輩方からまち

ぐゎーの歴史を聞いたりして。僕は組合長になる前に公設市場の広報を担当していたんですけど、取材や子供達の見学があると、まちぐゎーの歴史を説明するんですよ。自分が好きで勉強していたことが、そのときはすごく役に立ちましたね。組合長という役職も、歴史を知らないことには務まらなくて、先輩からは「とにかく歴史を学ばないといけないよ」と言われてましたね。

——沖縄では〝沖縄県産本〟も数多く出版されていますし、人々がどんなふうに暮らしてきたのかを書き記した聞き書きも数多く残されていますね。それは、「これを書き記さなければ」と思うほど大変なことがあったということでもあるとは思うんですけど、歴史が大切にされてきた場所だという印象があります。

粟国　沖縄にはやはり、独特の文化があるんですよね。ただ、今は沖縄らしさがどんどんなくなっているという危機感もあるんです。これは僕だけが抱いている危機感ではなくて、いろんな人が感じているみたいで。たとえば、最近は修学旅行生よりも、県内の子供達が市場を見学にくることが増えているんです。なぜかと言うと、昔はこういう沖縄らしい商業空間が県内各地にあったけど、どんどん少なくなってきてるんですよね。今回、公設市場は建て替えを迎えますけど、この独特の雰囲気をどうやって維持するのかということはずっと考えてますね。

「この界隈は、まだ戦後処理が終わってないんですよ」

――市場界隈にある独特の雰囲気というのは、どんなところにあると考えていますか？

粟国　よく言うのは、「那覇のまちぐゎーは生き物だよ」と。昔から小さな商店がたくさんあって、一つ一つが密接に結びついているんですよね。たとえば、昔は総菜屋さんが多かったというのも、ひとりで店をやっている方が多かったからだと思うんです。自分で料理を作る時間もないほど忙しかったから、総菜屋さんが出てきたんじゃないかな、と。僕達がよく食べたのは牛汁なんかですけど、ああいった料理は何日ぶんか作り置きができますよね。それぞれの店が無関係にあるわけじゃなくて、結びつくように存在しているから、面白いですよ。

――「生き物」という表現は、とてもしっくりきます。

粟国　この界隈は闇市から始まっているわけですけど、まだ戦後処理は終わっていないんですよ。沖縄の場合は基地の問題があって、よく戦後ということが話題にのぼるんですけど、この界隈はまだ戦後処理が終わっていないんです。戦後すぐに闇市が立って、そこに公設市場や水上店舗が建てられているんですね。だから今回のように建て替えを迎えたときにも、既存の法体系では解決できない問題が一杯あるということですね。ただ、それが独特の雰囲気に繋がってもいるので、なんとかしてその雰囲気は残したいと思ってます。

――それに惹かれて、観光客が訪れているわけですね。

粟国　最近は都市型リゾートが注目されて、四年前には桜坂にハイアットリージェンシー那覇沖縄という都市型リゾートホテルもオープンしています。たまに公設市場の屋上から街並みを眺めるんですけど、アーケードが張り巡らされていて、建物が入り組んでいて、闇市がまだ残っているなと思いますね。都市計画的な発想で作られた街並みではなくて、生きるために切り開いてきた街並みだということが、屋上から見るとよくわかるんです。その空間に魅かれて観光客が訪れていて、向こうにハイアットがそびえ立っている風景というのは、ちょっと面白いですよね。

「建て替えを機に、公設市場のこれからを議論する」

――この一年のあいだに、にぎわい広場だった場所に仮設市場が建設され、仮設市場ではどういう小間割りで営業するのかが決まり、建て替えに向けた動きが進められてきました。振り返ってみると、それは激動の日々でしたか？　それとも粛々と過ごしてきましたか？

粟国　粛々とは言えませんけど、「建て替えはどこまで周知できているのか？」とか、「どうやって仮設市場への動線を作るのか？」とか、建て替えに向けて意識が切り替わってきてはいますね。市場事業者も、市場周辺の事業者も、「建て替えは反対だ」という人もいれば、市場周辺のアーケードの問題もあって、「この先どうなるのか不安だ」という方も大勢いると思うんです。でも、建て替えはやむを得ないということで一定のご理解をいただいて、協力していただけているのはありがたいなと思います。この建て替えを一つのきっかけとして、五年後、十年後の未来像を描きながら、町全体をどうしていくのかという議論が出始めてくるのかなと。そう考えると、市場の中でも業態の変化が出てくるのかなと思ってます。

——業態の変化と言いますと?

粟国　市場というのは、沖縄の食文化を発信する場所でもあると思うんです。三年後に完成する新市場には、もちろん従来の市場事業者も入りますけど、新しく入ってくる事業者も想定しているんです。仮設市場で営業する三年間は、そこに向けて実験的な試みをする期間になるのかなと。定休日や旧正月休みのありかたも含めて、公設市場のこれからを議論する。仮設市場での実験は成功もあれば失敗もあるでしょうけど、この機会にいろんなことを試して、それから新市場に移行する形になっていくのかなと思いますね。

——市場を建て替えるとなったときに、今までのものをいかに残すのかということばかり考えてましたけど、新しい事業者が入る可能性もあるんですね。

粟国　そうですね。今の公設市場には、たとえばパン屋さんや豆腐屋さんがないですよね。これまでなかった業態も視野に入れて、沖縄の食を集積する場所として、新たな魅力づくりをしていけたらなと思ってます。あるいは、この界隈には独居老人の方も多くいらっしゃるので、「ゆっくる処」を作って、地域の皆さんの憩いの場になれたらなと。

――新市場をどんな空間にするのかという計画は、もう動き出しているんですか？

粟国　まだアイディアを練っているところですけど、現在の公設市場だと、三階は肉屋さんが使う加工場になっているんです。肉屋さんだけじゃなくて、いろんな市場事業者が使える加工場になれば、新たに提供できる商品も出てくると思うんですよね。たとえばうちの「山城こんぶ店」であれば、今は茹がいた昆布だけ売ってますけど、惣菜に加工してクーブイリチーを売ることもできる。あるいは魚屋さんであれば、天ぷらを揚げたり寿司を握ったりできるかもしれないですよね。あるいは、肉屋さんが解体しているところを見学できるような空間づくりもあるかもしれない。そういった試みを仮設市場で実験的に行って、それから新市場に移行できればと思います。

――新市場がどんな空間になるかというのは、もう決まっているんですか？

粟国　ある程度は決まってます。基本的には今の空間と同じように、外まわりの店舗があって、出入り口がたくさんあって、精肉と鮮魚をちゃんと区割りして、二階が食堂になります。だから、基本的には今の空間のリニューアルなんですけど、一階には柱がなくなるので、今以上にオープンな空間になるんじゃないかと思いますね。

――さきほど、「この界隈はまだ戦後処理が終わっていない」というお話がありました。市場が建て替えになると、一つの区切りになってくるんでしょうか？

粟国　建物が変わったとしても、そう簡単には変わらないんじゃないかと思ってます。新しい時代に沿うことも大切ですけど、まちぐゎーの雰囲気を残すことも大切なことで。戦後の那覇の闇市をどう残すのかということが、他の場所にはない、公設市場の魅力になってくると思うんです。うちの「山城こんぶ店」で言うと、今の看板を仮設市場に持っていくつもりです。それによって「ああ、建物は変わっても店は変わらないねぇ」と感じてもらえると思うので、使えるものはなるべく持っていければなと思っています。

「公設市場は、時代の節目を象徴する存在だと思います」

——粟国さんが第一牧志公設市場の組合長に就任されたのはいつですか？

粟国　うちの組合は、昔から「若い人に任せよう」という流れがあるんです。僕が組合長になったのも比較的若くて、三十九歳のときなんです。

——公設市場の建て替えというのは、頻繁にあるものではなくて、何十年かに一度の出来事ですよね。そのタイミングで組合長を引き受けることになったことについて、どう受け止めていますか？

粟国　いや、複雑な思いはありますよ。もし僕が組合長でなければ、「現在の建物を活かす形でリニューアルすればいいんじゃないか」と言っていたと思うんです。でも、組合長の立場になると、最終的には安全性の問題を考えないといけませんよね。町全体が老朽化して更新の時期を迎えつつある今、このタイミングで公設市場が一定の方向性を打ち出さないと、いろんな問題が先送りになってしまう。だから、建て替えに三年間はかかってしまうけど、同じ場所に市場を建て替えることができたのは、組合長として最低限のラインは越えることができたかなと思ってます。これが良かったのか悪かったのかは、後世の判断になるかなと（笑）。

——牧志公設市場は、戦後の闇市から立ち上がったものですね。昭和に誕生して、平成を跨ぎ、令和という新しい時代に突入するタイミングで建て替えを迎える。その意味では、市場は時代を象徴しているようにも思えます。

粟国　現在の建物は一九七二年に建てられたものですけど、復帰の年に完成したものが、平成が終わりを迎えるタイミングで建て替えになるというのは、時代の節目を象徴する存在になっているんじゃないかと思いますね。十年先、二十年先、五十年先を見据えて、まちぐゎーの魅力を未来に繋いでいくために公設市場の再整備をするんだと考えれば、この事業を進めてきた意味があるんじゃないかなと思っています。どうやってまちぐゎーの文化を継承しつつ、新市場の魅力を作っていくのか。それが今後の課題になってくるんでしょうね。ただ、新市場は新しい組合長に、新しい考え方でやってもらえたらと思っています。そこにうまくバトンタッチできるように、仮設市場として営業する三年間、任期がある限り組合長として働くつもりです。

【付記】

第一牧志公設市場は二〇一九年六月十六日、現在の建物での営業を終了します。二週間の引っ越し期間を挟んで、七月一日より、にぎわい広場に建設された仮設市場で営業をスタートします。新しい市場は現在と同じ場所に建設され、二〇二二年春にオープン予定です。

本文中に登場する年号は、元号と西暦を統一せず、お話を伺った方がどちらで語られたかによって使い分けています。また、店主の方達の年齢は取材時のものです。

本の執筆にあたり――執筆するずっと前から、沖縄を知るために――参照した資料は膨大な数にのぼり、そのすべてを掲載することは叶いません。最初に市場界隈を散策し始めたとき、ガイドブックがわりに持ち歩いたのは、地域情報誌『み〜きゅるきゅる』でした。そして、僕が繰り返し沖縄を訪れるきっかけを作ってくれたのは、今日マチ子さんが描いた『ｃｏｃｏｏｎ』と、同作品を舞台化したマームとジプシーです。

最初に「市場の現在を記録しよう」と思い立ったとき、ブログに書き留めて終わるつもりでいました。でも、ブログで記録するだけでは多くの人に届けることはできなくて、埋もれた記録になってしまうのではないか。そう気づかせてくれたのは、本書にも登場する宇田智子さんです。そこで出版社に企画を持ち込む決心をして、この本が出来上がりました。出版社に企画を持ち込んだのは、初めてのことでした。僕の提案を引き受け、一冊の本にまとめてくれた本の雑誌社の編集者・高野夏奈さんに感謝します。

第一牧志公設市場 店舗MAP

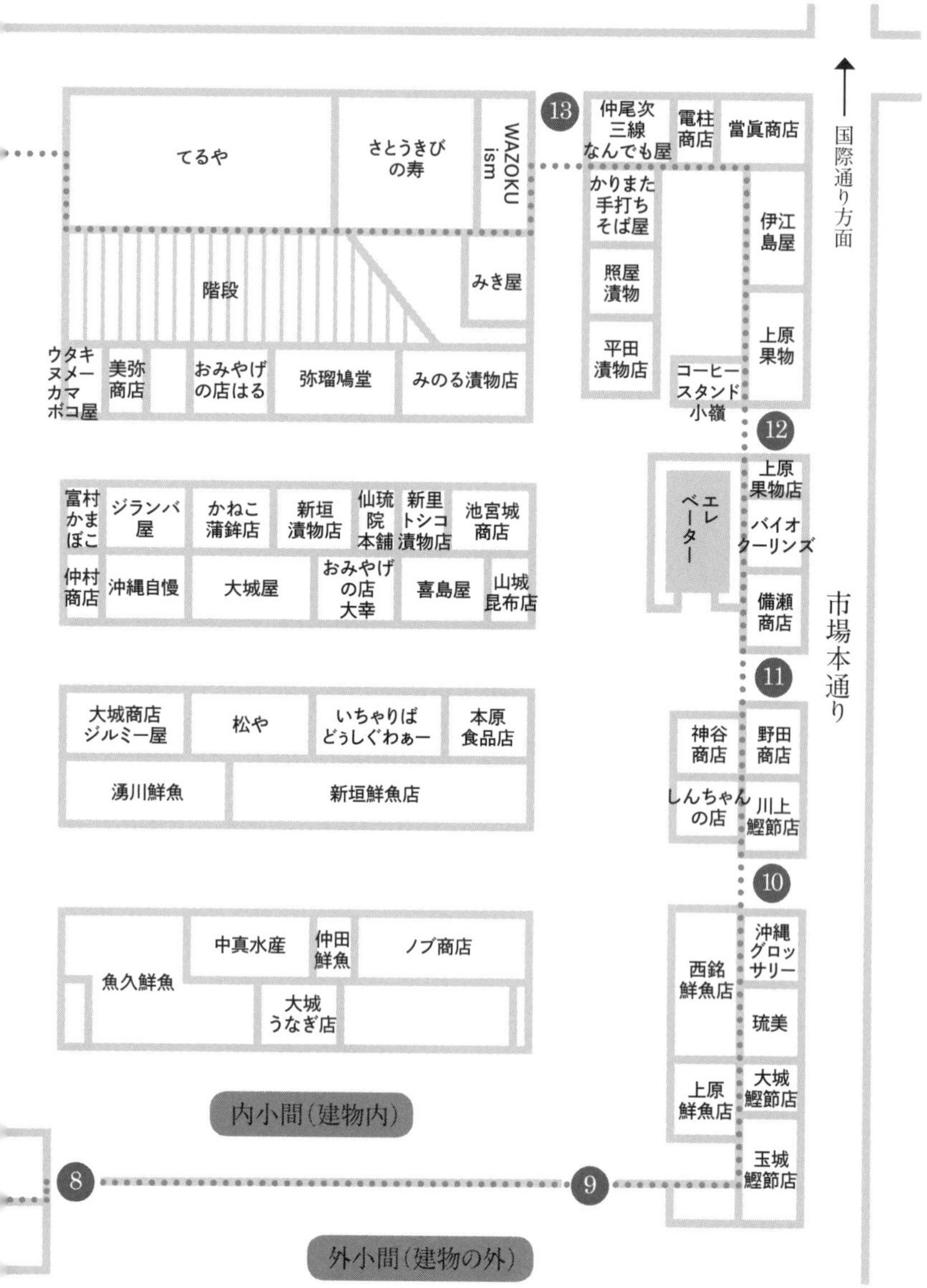

1F

店舗MAPは第一牧志公設市場HP掲載のMAPを元に作成。
2016年10月現在の内容で、店舗や配置はその後、変動している場合もある。

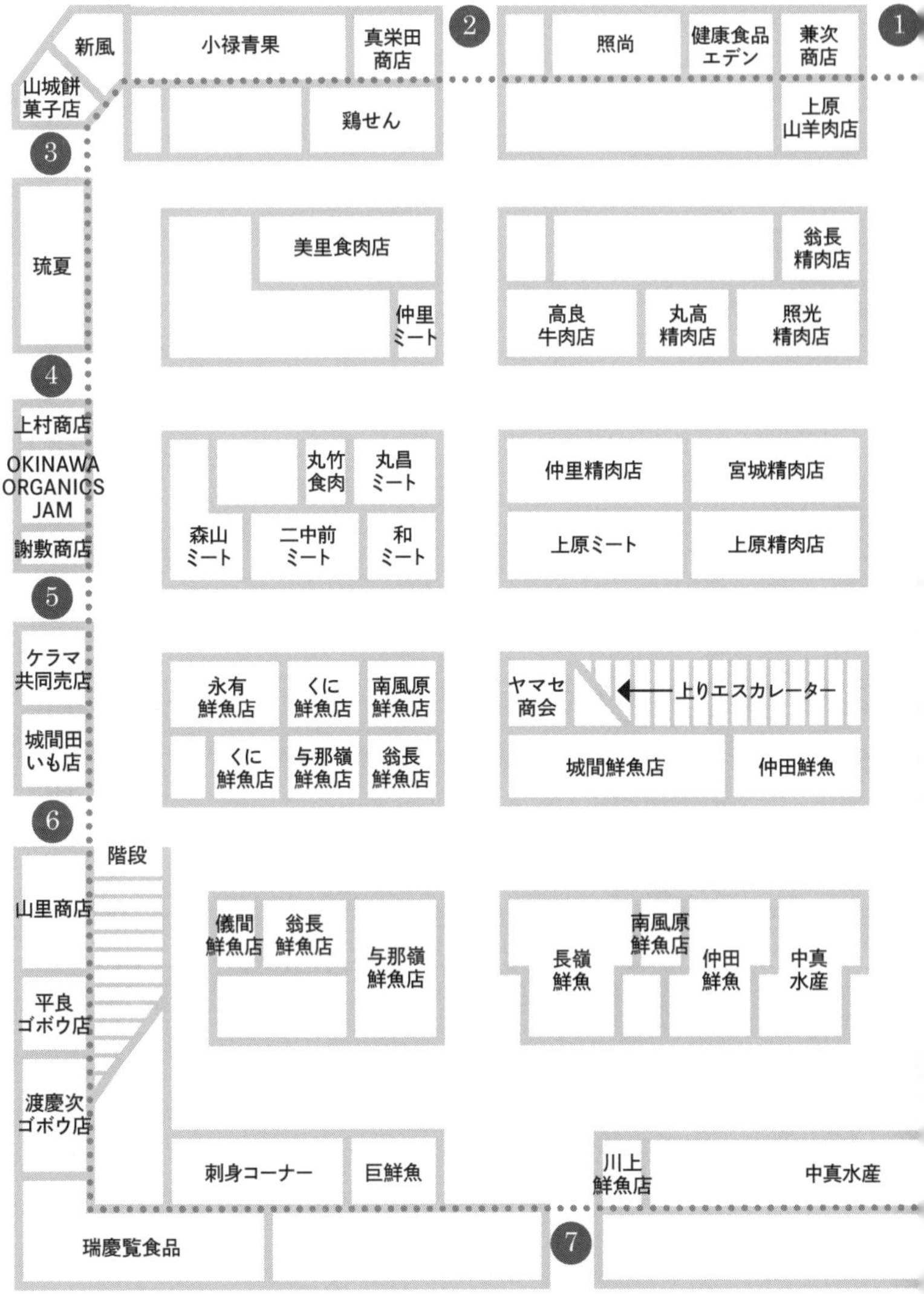

2F

2階は「食堂街」。ただ、もとは食堂を想定して建てられたのではなく、店と店のあいだは簡素な仕切りがあるだけで、オープンな空間が広がっている。

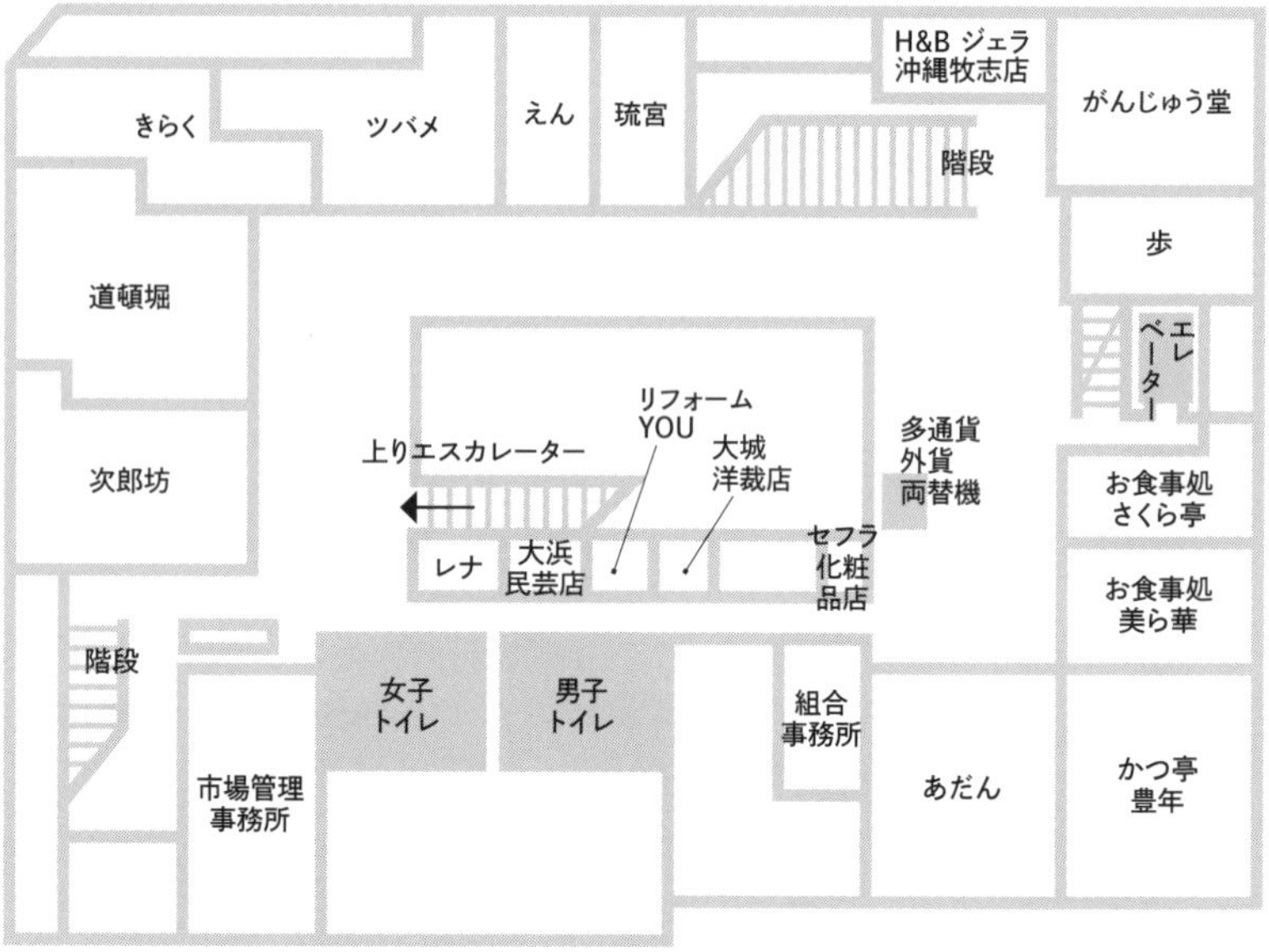

この地図には書ききれないほど細かな路地がいたるところに張り巡らされている。複雑に入り組んだ路地の姿は、自然発生的に形成された市場界隈の歴史を物語っている。

公設市場周辺MAP

終戦後、一般人の那覇市中心部への立ち入りはアメリカ軍によって禁じられた。いち早く立ち入りが許可された壺屋・牧志周辺に人が集まり、市場や芝居小屋が建設された。その賑わいが現在まで続いている。

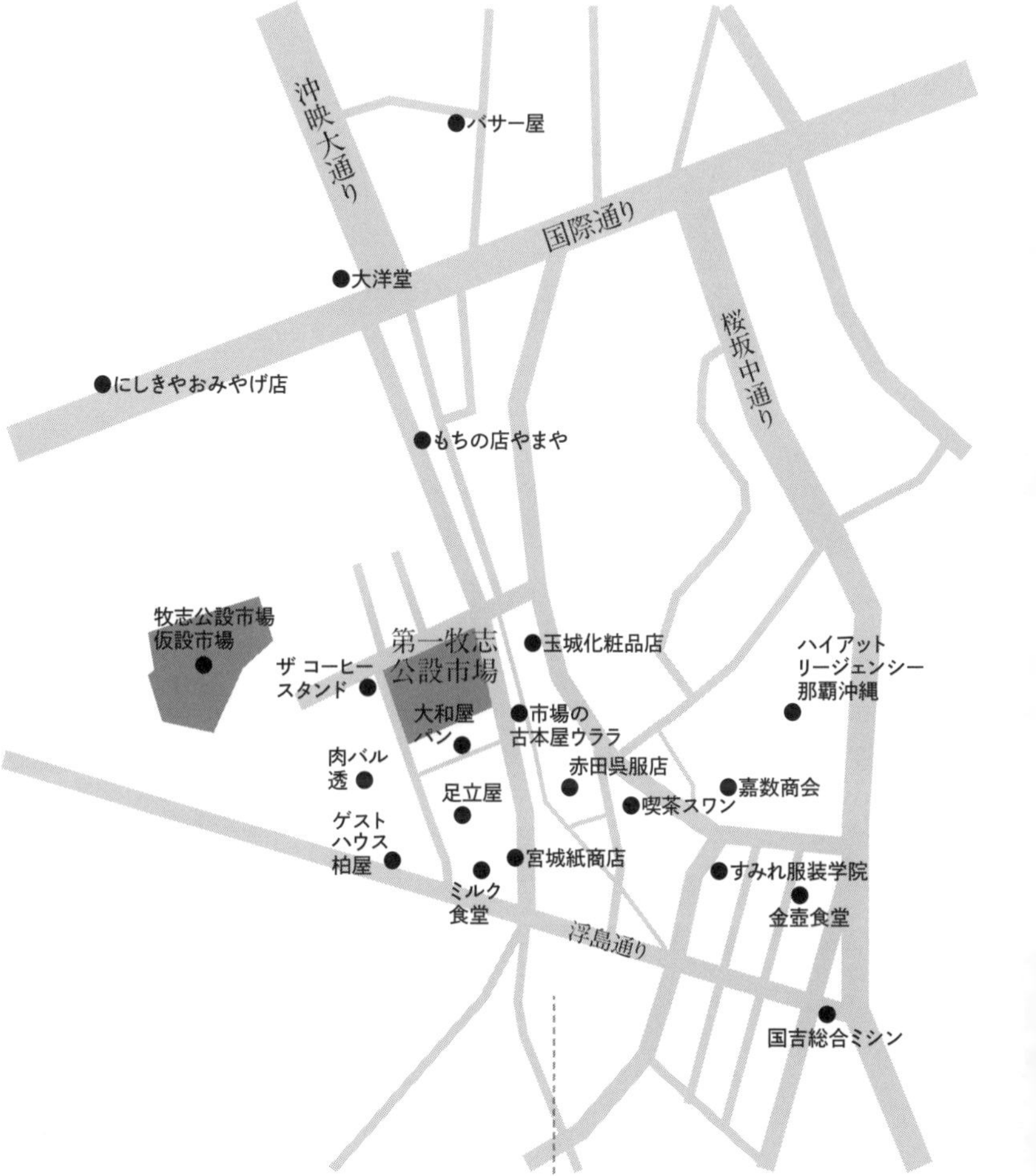

橋本倫史 はしもとともふみ

1982年広島県東広島市生まれ。2007年『en-taxi』(扶桑社)に寄稿し、ライターとして活動を始める。同年にリトルマガジン『HB』を創刊。以降『hb paper』『SKETCHBOOK』『月刊ドライブイン』『不忍界隈』などいくつものリトルプレスを手がける。2019年1月『ドライブイン探訪』(筑摩書房)を上梓。

市場《いちば》界隈《かいわい》

那覇市第一牧志公設市場界隈の人々

2019年5月25日 初版第1刷発行

著者 橋本 倫史
発行人 浜本 茂
発行所 株式会社 本の雑誌社
〒101-0051 東京都千代田区神田神保町1-37 友田三和ビル
電話 03(3295)1071
振替 00150-3-50378
印刷 中央精版印刷株式会社

定価はカバーに表示してあります
ISBN978-4-86011-430-5 C0095